零基础
读懂金融学

罗 凯 ◎ 著

中国商业出版社

图书在版编目（CIP）数据

零基础读懂金融学 / 罗凯著. -- 北京：中国商业出版社，2019.12
ISBN 978-7-5208-0994-8

Ⅰ.①零… Ⅱ.①罗… Ⅲ.①金融学－基本知识 Ⅳ.①F830

中国版本图书馆CIP数据核字(2019)第268338号

责任编辑：朱丽丽

中国商业出版社出版发行
010-63180647　　www.c-cbook.com
（100053　北京广安门内报国寺1号）
新华书店经销
三河市宏顺兴印刷有限公司印刷
*
880毫米×1230毫米　32开　6印张　130千字
2020年4月第1版　2020年4月第1次印刷
定价：39.80元
****
（如有印装质量问题可更换）

前言 PREFACE

金融学,一个看上去很深奥,听上去很专业,又似乎离我们很遥远的学科。许多时候,我们既讲不清楚它的概念,也不知它都涵盖些什么东西,但是在生活中我们又不得不接触它。

特别是在互联网高速发展的今天,人们几乎每天都在与"金融"打交道,小到支付时刷二维码,通过借贷平台"周转",或是购买一些货币基金、债券基金,大到买房、买车,或投资期货、黄金,处处离不开金融。

所以,即使从不学习金融的人,也多少了解一点金融常识。但是,这种学习是被动的。要想打理好自己的财富,准确解读国家的金融政策,或是解决与自身利益密切相关的一些问题,必须对金融学有一个较基本、全面的了解。

如今,人们工作的理念在变,对财富的观念也在变。如果时光倒流二十年,多数人在提到钱时,只会想到"存钱"。一方面是因为那时候人们手里的钱少,另一方面是因为那时很少人有理财观念,对一些基本的金融知识、操作方法不是很了解,也不会解读国家出台的一些金融、经济政策,即使有些闲钱也不知投资什么,如何投资,所以才会选择最保险的理财方式——把钱存到银行。

如果现在给你100万元,你还会选择把钱全部存到银行,等着吃利息吗?如果你稍有点经济头脑,定会拿出一部分来做投资,考虑是买基金,还是买股票,抑或是买房产。总之,你不甘心让这些钱静静地躺在银行的账户上,那样,即使它在产生利息,最后算下来,还是很亏,至少你很难跑赢CPI。

　　大家做同样的工作,赚同样的钱,最后发现,彼此财富相差悬殊,不用问,那一定是差在对金融学的理解与运用上。对金融学有研究的人,他们会进行理性地投资,既注重收益,也能控制风险。

　　金融学是一门非常实用的学科,能用来有效提升你的财商,改善你的财务状况。如果你带着思考去学去用,你会发现自己越来越有经济眼光,越来越能把握事情的本质,同时,在追求财富自由的道路上,也越来越从容。

目录 CONTENTS

第一章
货币世界——钱等同于货币吗

原始交易：钱是如何诞生的 \ 002

纸币：纸为什么也值钱 \ 005

虚拟货币：电子商务的产物 \ 008

数字货币：价值的数字表达 \ 010

结算货币：为何美元一家独大 \ 012

硬通货：吃硬不吃软为哪般 \ 016

第二章
金融术语——想认识它，先会叫它的名字

金融信用：银行的生存之本 \ 020

人民币汇率：进出口贸易的调节器 \ 023

道琼斯指数：世界金融文化的代号 \ 026

金融机构：与时俱进的"票号" \ 029

外汇储备：没有不行，多了也不行 \ 032

第三章
金融市场——创造财富神话的"大舞台"

货币市场：为闲置资金找出路 \ 036

外汇市场：国际投资者的新宠儿 \ 039

黄金市场：自由的全球市场 \ 042

保险市场：特殊的"期货"交易市场 \ 046

股票市场：最大的合法"赌场" \ 049

金融衍生产品市场：大杀伤性的零和游戏 \ 053

第四章
互联网金融——开启新经济时代

移动支付：开启无现金支付模式 \ 058

第三方支付：一种新式消费习惯 \ 061

P2P金融：一机在手，借贷不愁 \ 064

互联网众筹：爱就供养，不爱就观望 \ 067

大数据金融：马云凭什么让银行难受 \ 070

第五章
金融理财——钱找人胜过人找钱

购买黄金：抗通胀的不二选择 \ 076

投资基金："雇"经理人帮你理财 \ 080

期货交易：很难玩得转的金钱游戏 \ 084

购买股票：落袋为安才算是赢 \ 088

购买国债：老年投资者的最爱 \ 092

投资收藏品：最不值钱的就是"同款" \ 096

第六章
资本运作——实现钱生钱的梦想

资本运作：抢红包背后的逻辑 \ 100
首次公开募股：富翁炼成记 \ 104
借壳上市：换个马甲你还认识吗 \ 107
投资银行：神秘的"三高"银行 \ 111
利滚利：钱生钱的最强魔法 \ 114

第七章
金融危机——没有赢家的博弈

热钱进出：钱多了也会成灾 \ 118
世界股灾：谁想破产，就买股票 \ 122
石油危机：谁也逃不过的浩劫 \ 126
银行危机：都是钱荒惹的祸 \ 129
次贷危机：成也房子，败也房子 \ 135
货币战争：看不见的货币殖民 \ 138
债务危机：赖掉的仅仅是账吗 \ 141
国家破产：举债度日，我太难了 \ 144

第八章
金融调控——向左走，还是向右走

存款准备金：央行在"放水" \ 150
货币政策：美联储动向引全球关注 \ 153
利率政策：调控金融的常用手段 \ 158

财政政策：汉武帝为什么要造"皮币" \ 161

税收政策：取之于民，用之于民 \ 164

第九章
金融学原理——决定财富走向的定律

时间价值原理：金融学第一定律 \ 168

分散投资原理：把鸡蛋放到多个篮子里 \ 171

格雷欣法则：先花新钞，还是旧钞 \ 173

郁金香效应：贪婪、恐惧是魔鬼 \ 176

羊群效应：避免步入从众的误区 \ 179

有效市场假说：为何股价不可预测 \ 181

第一章

货币世界——钱等同于货币吗

> 这个世界有一个规律,每天都接触的东西,我们反而看不清它的真相,比如,钱。最初,哲学家反思金钱作用的时候,得出一个结论,钱没什么用。钱真的没用吗?!如果真的如此,怎么会延续这么长时间,又这么普遍地被使用呢?

原始交易：钱是如何诞生的

很早之前，人们的头脑中是没有"钱"这个概念的。在原始社会，人们只进行物物交换，A可以用自己的羊换B的猪，也可以换C的牛，当然，这里有一个前提条件，即B正好需要羊，或是C也需要羊。具体怎么换，双方可以商量，可以一只羊换一头猪，也可以三只羊换一头牛。这个时候，人们要想知道自己的财产值多少钱，只看它们能换多少羊或是猪就可以了。

如果你只有羊，而你又需要一些木材，但是发现，有木材的人不需要羊，而需要牛，这时，你就得先把羊换成牛，或者换成其他一些拥有木材的人需要的物品，通过这种间接的方式来达成交易。但是，频繁进行这类交易会非常麻烦，所以就有人想出了一个办法：可不可以寻找一种可以被交换，且又能被大家接受的物品？

不论换什么东西，只要先将自己手里的东西换成这种物品，然后再用这种物品去和别人交换自己想要的东西。那用什么物品来充当交易的媒介呢？最后，人们形成共识，将盐、稀有的贝壳等作为交易的媒介，这即是原始的货币。

货币是经济学、金融学中的一个非常重要的概念，也是一个最活跃的因素，不了解货币的真正内涵，就很难吃透金融学。那究竟什么是货币，货币的发展又经历了哪些过程呢？

狭义的货币是指用于支付商品劳务和清偿债务的物品。广义的货币是指购买货物、保存财富的媒介,实际是财产的所有者和市场关于交换权的契约,根本上是所有者之间的约定。

由于货币是价值和社会财富的一种代表,谁拥有了货币,就等于占有了价值和财富。占有的货币越多,即表明所拥有的商品越多。但是钱并不完全等于同货币。

按照经济学理论的解释,任何一种能执行交换媒介、价值尺度、延期支付标准或完全流动的财富储藏手段等功能的商品,都可被看作货币。那是不是说,人民币、美元、欧元才是货币,巧克力、可乐之类的商品也是货币呢?在现实生活中,巧克力、可乐当然不能用作货币,要了解货币,必须要了解货币的起源。

在人类的早期历史中,贝壳是一种较难获得的物品,所以,它便充当了一般等价物的功能,"贝"因此成为最原始的货币之一。今天的汉字如"赚""赔""财"等,都有"贝"字旁,就是当初贝壳作为货币流通的印迹。

在17世纪时,英国人在北美的殖民地一度出现"钱荒"——货币短缺。于是英国人想了一个办法:在当地大量种植烟草,并砍伐木材用来建造海军和商船等,以换取一些必需品来维持殖民地的运转。其实,早期的殖民地定居者既为公司工作,又在公司的商店里消费。投资者和皇室更愿意用硬币支付农民的报酬,以便让他们自己去购买所需商品。从哪里可以得到硬币呢?

殖民者花了很长时间才意识到:当地的土著很有"钱",但这种"钱"不同于欧洲人用的钱。印第安人使用钱的历史很悠久,而且这些"钱"对于欧洲殖民者非常有用——只是有些人认为,只有镌刻着他们头领头像的金属片才是真正的金钱。当时,新英格兰地区的土著既不使用银,也不使用黄金,他们会把贝壳、蛤蜊,还把其他硬壳穿在吊坠上充当钱。交易的时候,项链上的贝壳珠子会被清点、取出，然后再装配在新的项链上。美洲原住民以此来彰显一个部落的财富。

在整个美洲大陆都可以找到各种类型的贝壳类货币，说明这些钱曾在很大地域范围内流通。贝壳串珠吊坠长短不一，珠子的数量与长度成正比。这些吊坠可以被切割，也可以连接成一整串，从而使得吊坠的整长度约等于交易的价格。

后来，殖民者在"什么样的钱能算作真正的钱"这个问题上与原住民达成了共识，贝壳串珠钱很快就在殖民社会广泛流通起来。蛤蜊也进入了美国白话，成为"金钱"的另一种表述。

除了贝壳，铁条、铜条、金条、银条等也被用来作为货币。这是因为，金属能够任意切割，而且具有一定的价值，还能通过高温将其重新烧成一整块，它的可变形性让人们十分满意。但问题又来了，在交换过程中，该如何鉴定金属的好坏呢？如果换到劣质的金属，不就亏了吗？于是，政府开始介入，成立了专门打造货币的官衙，货币逐渐开始以官方为标准达到统一，所以说，货币的前身就是普普通通的商品，它是在交换过程中逐渐演变成一般等价物的。

迄今为止，货币大致经历了实物货币——金属货币——信用货币几个阶段。货币是历史的一部分，研究货币史，总的目的是帮助理解历史。从总的趋势看，货币形式随着商品生产流通以及经济的发展，会不断从低级向高级演变。

纸币：纸为什么也值钱

在现实生活中，纸币就是我们常说的钱。我们都知道，钱是非常重要的，做什么都离不开钱。那么纸币到底是怎么来的呢？纸币为什么会值钱呢？

纸币，顾名思义，就是用纸做的货币。如果给它一个简单的定义，即以银行存款形式存在的货币，或者说，纸币是代替金属货币执行流通手段的由国家或某些地区发行的强制使用的价值符号。

人类社会早期，人们并不认为纸币是货币。后来人们逐渐认识到，银行存款也具有与纸币一样的性质，利用它能够购买商品，支付劳务报酬。并且，银行存款与金属货币和纸币等之间存在着频繁的对等转化。金属货币、纸币等存入银行，即为银行存款，从银行取出即为金属货币、纸币等货币。金属货币、纸币等与银行存款的这种转化，不是货币与非货币的转化，而是两种不同货币形式之间的转化。

与黄金等金属货币相比，纸币优点众多，如制作成本低，便于保管、携带和运输，避免了铸币在流通中的磨损。作为世界各国货币主币的纸币，不仅外表精美，而且多侧面地反映了该国历史文化的横断面，沟通了世界各国人民的经济交往。目前世界上比较重要的纸币包括美元、欧元、人民币、日元和英镑等。

据史学家研究，世界上最早的"纸币"是在一千多年前我国宋代时——宋真宗时期出现的，四川成都的16家富商联合发行了一种比金属钱币携带更方便的纸币——"交子"。这就是纸币的起源。

纸币出现在北宋并非偶然，它是社会政治经济发展的必然产物。宋代商品经济较为发达，商品流通中需要大量的货币，而当时铜供不应求，根本满足不了流通中的需求量。当时，四川地区通行铁钱，铁钱价值低，质量重，使用起来非常不方便。当时，一个铜钱可以兑换10个铁钱，每千板钱的重量为：大钱25斤，中钱13斤。买一匹布需铁钱两万，重量约500斤，需要用马车载。当时成都经济较为繁荣，是经济重地，但是，成都通往外界的路况却非常差，不便于商贾往来。所以，这在客观上刺激了人们对纸币的需求。

另外，北宋虽然是一个高度集权的封建专制国家，但全国货币并没有统一，存在着多个货币区，且相互间不通用。当时有13路（宋代的行政单位）专用铜钱，4路专用铁钱，陕西、河东则铜铁钱兼用。各个货币区又严禁货币外流，因此使用纸币正好可以防止铜铁钱外流。

还有一个原因，宋朝经常受辽、夏、金的侵袭，军费和赔款开支庞大，为了弥补财政赤字，政府也需要发行纸币。上述种种原因促成了纸币——"交子"的产生。

最早，交子由商人自由发行。北宋初年，四川成都出现了专为携带巨款的商人经营现钱保管业务的"交子铺户"。存款人将现金交付给铺户，铺户把存款人存放现金的数额临时填写在用楮纸制作的卷面上，再交还存款人。当存款人提取现金时，每1000文付给铺户30文钱的利息，即付3%的保管费。这种临时填写存款金额的楮纸券便谓之"交子"。这时的"交子"，只是一种存款和取款凭据，而非货币。

随着商品经济的发展,"交子"的使用也越来越广泛,许多商人联合成立专营发行和兑换"交子"的交子铺,并在各地设交子分铺。由于交子铺户恪守信用,随到随取,所印"交子"图案讲究,隐作记号,黑红间错,亲笔押字,他人难以伪造,所以"交子"在商人间赢得了很高的信誉。

"交子"的出现,便利了商业往来,弥补了现钱的不足,是我国货币发展史上的一个里程碑。此外,"交子"作为我国乃至世界上发行最早的纸币,在印刷史、版画史上也占有重要的地位,对研究我国古代纸币印刷技术有着重要意义,是我国为世界金融业做出的重要贡献。

元朝的时候,政府正式发行纸币,称"宝钞"。元代中后期,由于政府滥发货币,导致通货膨胀,甚至经济崩溃。明朝也发行纸币,但是同时允许白银流通,由于政府同样滥发货币,最后导致纸币事实上不能流通,完全依赖白银和铜币。清朝开始,中国不再发行纸币,完全使用贵金属进行通货。

欧洲最早的纸币是1661年由瑞典银行发行的,但其并没有作为真正的货币,只是一种权宜之计。1694年,英格兰银行创立,开始发行银单。最初银单是手写的,后来才改为印刷品。

如今,纸币是世界各国普遍使用的货币形式,被称为现代金融业的血液。可以说,透过世界纸币的发展史,便可以了解世界的金融史。

虚拟货币：电子商务的产物

　　虚拟货币，是指未打印在纸上或印在金属上的任何货币，其看不见，摸不着。游戏币就是一种典型的虚拟货币。2014年，欧洲银行管理局（EBA）对虚拟货币下了一个定义："虚拟货币是价值的一种数字表达，其并非由中央银行或公共权威机构发行，也不一定与某一法定货币挂钩，但被自然人或法人接受用于支付手段，可以进行电子化转移、储藏或交易。"

　　在如今的互联网时代，虚拟货币种类繁多，如各种网络公司推出的点券、虚拟币、元宝，以及一些流行的数字货币等。不管是哪种虚拟货币，都与互联网密切相关，甚至可以说，虚拟货币是电子商务的产物。

　　我们从实物货币的演变历程得知，最终被接受的"一般等价物"需要具备便捷性、安全性、稳定性和保值性，于是货币经历了从化学活性较高的铁铜转向化学活性较低的黄金。然而，随着现代市场经济的建立，信用货币体系已然替代了实物货币体系，成为现代货币体系的基石，其运行的逻辑在于：以一国货币发行当局的信用为基石。然后在商业银行体系中实现货币派生，从而内生形成广义货币。以此来对照虚拟货币，我们便知虚拟货币并不能充当市场经济体系中的货币。它不是现代意义下的货币，只是可能会存有部分货币的功能。

　　目前，虚拟货币有上千种，可以将其大致归为三类：

第一类是大家熟悉的游戏币。比如，在游戏世界中，靠打怪升级等方式积累"货币"，这些"货币"只能用来买装备，或是在游戏世界中消费。最早的单机游戏中，玩家之间没有形成"市场"。互联网发展起来以后，各种门户和社区、大型游戏网站实现了联网，于是虚拟货币便有了"金融市场"，玩家之间可以交易游戏币。

第二类是企业币。企业币是企业发行的，企业信用做担保，也叫虚拟币。它依附企业而存在，企业关门倒闭了或项目运营失败了，这个币就不存在了。企业币不具有流通性，无法提现，即使号称能提现，也存在诸多限制。使用最广泛的要属腾讯公司的Q币，Q币可用来购买会员资格、QQ秀等增值服务。

第三类是加密数字虚拟货币。这类虚拟货币有两个明显的特征，一是具备流通性，可以当钱使用；二是利用区块链技术，目前可以在全球范围内流通。

在网络世界中，虚拟货币扮演着越来越重要的角色，而且，能够越来越多地和现实世界交汇。网上虚拟货币的私下交易已经在一定程度上实现了虚拟货币与人民币之间的双向流通。这些交易者的活动表现为低价收购各种虚拟货币、虚拟产品，然后再高价卖出，依靠这种价格差赢取利润。随着这种交易的增多，甚至出现了虚拟造币厂。

虚拟货币除了主营公司提供之外，还有一些专门从事"虚拟造币"的人，以专业玩游戏等方式获取虚拟货币，再转卖给其他玩家。这样不仅使得虚拟货币本身的价格形成一种泡沫，给发行公司的正常销售造成困扰，同时也为各种网络犯罪提供了销赃和洗钱的平台。

当然，不能因此对虚拟货币一刀切式的全盘否定，对于监管部门来说，应当从结构性的角度出发，认识到其中的优劣，然后制定出相应的监管措施。

数字货币：价值的数字表达

在现实生活中，越来越多的人买东西使用支付宝或微信支付，整个支付过程完全见不到纸币的踪影。于是有人说，支付宝里的钱就是电子货币。其实不然，支付宝只是电子支付方式，交易时所用的钱都来自银行账户，即支付宝中的钱其实还是对应着一张张钞票。

除此之外，数字货币与虚拟货币也不相同。比如大家熟知的Q币和各类游戏中充值的货币就是虚拟货币。这些虚拟货币只能用真实货币购买，而不能转化成真实货币。

那么什么是数字货币呢？

数字货币（DIGICCY），是电子货币形式的替代货币。欧洲银行业管理局将数字货币定义为：价值的数字化表示，不由央行或当局发行，也不与法币挂钩，但由于被公众所接受，所以可作为支付手段，也可以电子形式转移、存储或交易。

数字金币和密码货币都属于数字货币。数字货币是一种不受管制的、数字化的货币，通常由开发者发行和管理，被特定虚拟社区的成员所接受和使用。数字货币的核心特征主要体现在三个方面：

一是由于来自某些开放的算法，数字货币没有发行主体，因此没有任何人或机构能够控制它的发行。

二是由于算法解的数量已确定，所以数字货币的总量固定，这从根本上消除了虚拟货币滥发导致通货膨胀的可能。

三是由于交易过程需要网络中的各个节点的认可，因此数字货币的交易过程比较安全。

比较知名的电子货币当数比特币（BTC）了。比特币是一种由开源的P2P软体产生的电子货币，也有人将比特币意译为"比特金"，它是一种网络虚拟货币，主要用于互联网金融投资，也可以作为新式货币直接用于生活中使用。

2010年比特币的概念在国内兴起，比特币拥有与黄金等投资品类型相同的属性，其总量固定且稀缺，比特币发行总量为2100万枚。比特币不依靠特定货币机构发行，它依据特定算法，通过大量的计算产生，并使用密码学的设计来确保货币流通各个环节的安全性。

数字货币是一把双刃剑：一方面，其所依托的区块链技术实现了去中心化，可以用于数字货币之外的其他领域，这也是比特币受到热捧的原因之一；另一方面，假如数字货币被广泛使用，则会对货币政策有效性、金融基础设施、金融市场、金融稳定等方面产生巨大影响。所以说，比特币的出现对已有的货币体系提出了一个巨大挑战。

随着互联网金融的发展，未来数字货币肯定会呈现出突飞猛进的态势，越来越多的交易将在互联网上完成，其地位将与实体货币等同。

将来，各国政府对于数字货币的监管会越来越严厉，不会出现某种货币完全依据算法自由发展的情形，各国对于其监管力度会各有不同，但出发点均是在有限的空间中推动其前进。

结算货币：为何美元一家独大

无论听新闻，还是看报纸，我们经常会发现这样的表述：石油多少美元一桶，黄金多少美元一盎司……为什么不是其他币种呢？这是因为，当前美元是贸易中常用的结算货币。

结算货币，又称"合同货币"或"契约货币"。如果贸易双方在合同中只规定了计价货币而没有规定结算货币，则计价货币就是结算货币；贸易双方也可以规定计价货币为一种货币，结算货币为另一种或另外几种货币。如今，国际结算货币一般由国际上认可度较高的美元来充当。

我们知道，货币有三个主要作用：一是支付手段，二是记账单位，三是价值储藏。全球范围内，美元在这些方面有显著的优势。所以，在原油等市场，美元一直都是记账单位和价值尺度，油价涨跌长期以"多少美元一桶"来衡量。而且，相对其他币种，美元也是一种"硬通货"。在许多影视作品中，一些毒枭、黑社会头目都喜欢将一箱箱美元放在家里，作为私用或者团队运营资金。

如果你是一位贸易商，有一个津巴布韦商人要从你手里买5000千克大米，你觉得5000千克大米值3万元人民币，可是对方没有人民币，他们只有津巴布韦元。于是，他要给你30万津巴布韦元，你会不会犹豫：这30万津巴布韦元现在能买5000千克大米吗？一个月以后还能买5000千克大米吗？这点钱在他们国家是不是只能买5千克大米？于是，这个交易就变得复杂起来，因为你需要先调查清楚30万津巴布韦元的真实价值。你与世界上许多国家的商人做生意，如果大家都用本国货币交易，这无疑会增加时间成本。所以，大家都希望用一种认可度较高的货币来结算。

在国际贸易中，美元作为国际结算货币中的霸主，在其中占有绝对的主导地位。那么，美元究竟是如何做到的呢？

这既与美国超强的国际贸易实力有关，也与美国自从第二次世界大战后所拥有的黄金储备量密切相关。一国货币要成为全球贸易结算货币，那么该国必须拥有强大的黄金储备量才能确保其稳定性。第二次世界大战后，美国拥有的黄金储备量超过2万吨，相当于当时整个欧洲各国之和的5倍，占据全球总量的70%以上，其完全掌握了世界黄金市场价格的话语权。

所以，在美国主导下建立起来的布雷顿森林体系，就确立了以美元为中心的世界货币体系，即美元直接挂钩黄金，而其他国家的货币再与美元挂钩，也就是将美元等同于黄金。从此美元成了世界货币，美元的金融霸主地位逐渐确立。

尽管在20世纪70年代初，当时的美国总统尼克斯取消了美元与黄金挂钩，但国际贸易中的大宗商品，尤其是石油贸易仍然以美元清算。这主要还是因为美国作为全球第一大经济体所具有的实力，其能够维持汇率的长期稳定，放眼世界范围之内很难找到能够替代美元的国家货币，因此各国央行的外汇储备还是美元。特别是美元挂钩石油，强化了美元的霸主地位。

石油被称为工业血液，因为其分布极不均匀，且几乎所有国家又都需要石油，因此在20世纪70年代，美国与世界上最大的产油国沙特达成协议，双方确定把美元作为石油的唯一定价货币，并得到了石油输出国组织（OPEC）其他成员国的同意。

换句话说，就是美国先控制少数的石油输出国，让他们卖石油的时候都要用美元来计价，那么其他国家想要买石油，就必须用美元来买，也就必须储备大量的美元，于是，美元又一次在全球贸易中变得不可或缺，至此美元正式在世界货币中确立了其全球霸主身份。

当然，没有一个国家不希望自己国家的货币成为国际贸易中的通用货币，但是，想要成为国际通用货币，至少需要满足一个最基本的要求——汇率稳定。如果一种货币的汇率不稳定，今天1万元买2500千克大米，明天能买1500千克，相信，这样的货币没有人愿意要。

国际贸易也具有同样道理，想要保证汇率稳定，就需要有非常强大的经济基础，否则不被其他国家认可。

目前，即便是欧元、日元等其他货币在国际贸易结算中逐渐崭露头角，但距离世界货币地位还很遥远。比如中国，也一直在推进人民币国际结算，但美国肯定不会坐视美元被替代，这中间的博弈一刻也没有停止。

可以想见，如果没有好处，各国为什么会想方设法让自己国家的货币成为结算货币呢？在国际金融领域，有一个概念叫"铸币税"。成为国际结算货币的好处是，可以向全世界收铸币税。《美国传统辞典》将"铸币税"解释为，通过铸造硬币所获得的收益或利润，通常是指所使用的贵金属内含值与硬币面值之差。简单理解，就是货币面值与货币制造成本之间的差额。例如，印刷100美元需要2美元的成本，那么铸币税就是98美元。

假如你要从海地一位商人手里买1吨咖啡，但对方不收人民币，只收美元，5000美元。你没有，又不可以自己印，所以只能用500千克大米去和美国换5000美元回来。对于美国来说，因为印刷5000美元只付出了100美元的成本,相当于拿100美元换了你5000千克大米。

这就是国际结算货币的好处。所以,美国怎么会甘心将美元的国际货币地位拱手让人呢?由此不难理解一些国家想让本国货币国际化的原因。

硬通货：吃硬不吃软为哪般

硬通货（Hard currency）是相对于"软通货"而言的，又称"硬币"。硬通货是指国际信用较好、币值稳定、汇率呈坚挺状态的货币。因为世界各国通货膨胀的程度不同，国际收支状况以及外汇管制程度不尽相同，所以，如果某一国的通货膨胀率较低，国际收支顺差，那么该国的货币币值就比较稳定，汇率坚挺。在国际金融市场上，人们习惯称这类货币为"硬通货"。

在生活中，提到"硬通货"，我们首先会想到黄金和美元。的确，到目前为止，在世界范围内，黄金与美元都被视为所有通货中最硬的两种。

黄金

黄金一直被视为国际资本市场的硬通货，也被投资者作为最重要的资金避险工具。黄金之所以"硬"，是因为它相对于其他金属更为稀少，生产工艺复杂，且具有易保存、易携带、易传承、易交换，易分割，以及不易挖掘，不易生锈，不易氧化，不易水解，不易腐蚀的特点，这使得黄金具有作为货币，甚至高于普通货币的特征——性质稳定且价值高。所以，把它作为硬通货大量发行，并不会导致其贬值。

如今，流通于市场上的信用货币是以一个国家的承诺为基础的，而货币本身毫无价值。但黄金不是以信用作为基础，其本身就具有较高的价值，所以能够在危机中得以生存。故黄金虽然作为货币已经退出了市场，但其作为货币的属性依然存在。

可以说，几乎在任何一个国家，黄金都是被肯定的，且被各国银行认可并接受兑换。各种黄金首饰、雕塑、艺术品都在世界各地广泛分布。也许有些国家的人并不知道美元、欧元、人民币等货币的兑换率，但对市场上黄金每克的价格非常熟悉。

美元

在当今世界上，有近两百种流通的货币，但绝大部分的货币不被国际市场肯定，只能在本国使用。在国际市场上被认可，并被当作硬通货的，当属美元。美元为什么可以成为硬通货？这与其稳定的币值有关。

近两百年来，美元从未发生过剧烈贬值的情况。除了美元，没有哪个国家的货币能够做到这一点。这其实是有原因的。

美元的发行机构是美联储，全称为美国联邦储备系统。它的结构相当复杂，与我们生活中的任何机构都不太一样。

首先，美联储既不是一个私人机构，也不是一个政府部门，不受政府的管理，但没有一个人可以控制美联储。

美联储主要分为两部分：联邦储备委员会和联邦储备银行。联邦储备委员会主要制定一些金融政策，降息或者加息都由它来决定。

联邦储备委员会共有7名委员，需要总统提名，参议院批准。但是，委员一旦任职，完全独立运作，不受总统管辖，也不受国会管辖。

美国联邦储备银行算得上是一个私人机构，由12个分行组成，主要功能就是发行美元。

在美国，每个跨州经营的银行，都是联邦储备银行的股东。现在，联邦储备银行的股东有三千多家银行。联邦储备银行虽然有发行美元的权力，但是发行美元是有条件的：必须要有担保，才能发行对等金额的美元。布雷顿森林体系瓦解以后，这种担保主要就是美国国债。

美国政府虽然可以通过发行国债来间接影响美元的发行。但是，国债迟早是要还的，不能随便发，相应地，美元也没有滥发的基础。

相对而言，世界上大多数国家的货币发行权掌握在政府手中，政府缺钱的时候，就免不了会产生发行纸币的欲望，更重要的是，印多少钱都不需要还。

所以，了解美元的发行过程，也就理解了为什么近百年来美元一直这么稳定。

除了黄金与美元，在一些特殊情况下，粮食、木材等也可以成为硬通货。

历史上，一旦发生自然灾害，粮食的价格一定会飞速上涨。到了最后，甚至有可能花多少钱都买不到。1942年，河南遭遇旱灾时，买一个幼童只需要一筐馒头。这样的情况即使在国外也比比皆是，第二次世界大战期间的犹太人聚集区里，犹太女人为了给孩子换取几个鸡蛋需要付出巨大的牺牲。

当然，硬通货并不是固定不变的，一国货币是否会成为硬通货除上述特性外，还受该国经济增长、通货膨胀、国际收支状况等因素影响。

第二章

金融术语——想认识它，先会叫它的名字

学习金融，先要了解金融，就像认识一个人，先要知道他的名字，以及名字背后的故事。金融学是一门很复杂的学科，研究的问题很多，有深有浅，研究的范围很广，涵盖了我们的吃穿住行。走近它，认识它，就从与我们生活息息相关的"问题"开始吧。

金融信用：银行的生存之本

如今的社会，是一个信用社会，可以说没有信用，寸步难行。比如，你想从银行贷款，但征信系统显示，你的信用度很低，属严重失信人员，那你很难从银行贷到一分钱。

金融作为现代经济的核心，它的存在和正常运转有赖于良好的社会信用。信用，表示价值交换滞后产生的活动，主要体现为商业领域、金融领域、流通领域的赊销、信贷等交易行为。用简单的公式可表示为：金融=货币交换+信用。金融业作为一个特殊行业，从它产生那天起，就与信用相伴相生。

有一位银行家曾说过："信用是银行的生存之本。"金融信用作为银行赖以生存的基础，一方面是银行必须确保存款人自由取款，另一方面需要贷款人确保按时、如数还本付息，缺一不可。如果贷款人都不对银行恪守信用，那么银行最终也无法对存款人恪守信用。从这个意义上说，金融信用本质上是企业信用和个人信用的整合。

人类社会的交易方式经历了实物交换、以货币为媒介的交换和靠信用完成交换三个发展阶段，因此，金融是商品经济发展到一定阶段后所产生的一种经济现象。它是指货币的发行、流通和回笼，贷款的发放和收回，存款的存入和提取，汇兑的往来等经济活动。

所以说，是先有信用后有金融，金融是信用发展的产物，信用是金融发展的表现形式。在现代金融制度中，货币交换是基础，信用是货币交换的发展，而银行则是综合这二者的机构，其中信用是现代金融的基石。对于金融业来说，金融信用在金融业的资产中无可置疑地占有重要地位。

在金融业中，一般主要存在如下几种形式的信用。

1. 居民消费信用

消费信用是指由企业、银行或其他消费信用机构向消费者个人提供的信用。消费信用根据提供商的不同可以分为企业提供的消费信用和银行提供的消费信用等种类。其中由企业提供的消费信用主要有赊销和分期付款两种形式。赊销主要是对那些没有现款或现款不足的消费者采取的一种信用出售的方式，而分期付款则更多地运用于某些价值较高的耐用消费品的购买行为中。

2. 银行信用

银行信用是指以银行为中介，以存款等方式筹集货币资金，以贷款方式对国民经济各部门、各企业提供资金的一种信用形式。银行信用是伴随着现代银行产生，在商业信用的基础上发展起来的。银行信用与商业信用一同构成现代经济社会信用关系的主体，银行信用与商业信用有一点不同，那就是银行信用属于间接信用。

3. 商业信用

商业信用指工商企业之间相互提供的、与商品交易相联系的信用形式。基于工商企业之间的互相信任，包括企业之间的赊销、分期付款、商品交易基础上的预付现金等形式提供的信用，既可以用商品提供，也可以用货币提供，但是信贷主体必须发生真实的商品或服务交易。

4. 国家信用

国家信用是指以国家为主体进行的一种信用活动。国家按照信用原则以发行债券等方式，从国内外货币持有者手中借入货币资金，所以，国家信用是一种国家负债。国家信用包括国内信用和国际信用。国内信用是国家以债务人身份向国内居民、企业、团体取得的信用，它形成国家的内债。国际信用是国家以债务人身份向国外居民、企业、团体和政府取得的信用。

5. 国际信用

国际信用是指一个国家的政府、银行及其他自然人或法人对别国的政府、银行及其他自然人或法人所提供的信用。国际信用与国内信用不同，它表示的是国际间的借贷关系，债权人与债务人是不同国家的法人，直接表现资本在国际间的流动。

由此可见，不管是哪种信用，它都代表了借债方偿还债务的信誉和能力。

在我国，随着市场化取向的经济体制改革的逐步深入，政府开始逐步退出市场，《商业银行法》规定，四大国有银行的改革方向是建立具有独立主体资格的商业银行。所以，国家信用不再成为金融信用的落脚点。如此，信用在银行、企业、个人间会扮演越来越重要的角色。

人民币汇率：进出口贸易的调节器

每个国家都有自己的货币。例如，在日本是日元，在美国是美元，在英国是英镑，在德国和法国则是欧元，等等。这些不同货币之间的交换行为就是"外汇交易"，外汇交易一定会涉及汇率。

人民币对外币的汇率，是代表人民币的对外价值，由国家外汇管理局在独立自主、统一性原则基础上，参照国内外物价对比水平和国际金融市场汇率浮动情况统一制订、调整，逐日向国内外公布，作为一切外汇收支结算的交换比率，它是官方汇率，没有市场汇率，其标价方法采用国际上通用的直接标价法，也就是以固定单位（如100、10000、100000等）的外币数折合若干数额的人民币，用以表示人民币对外币的汇率。

固定单位的外币数大小需要根据各该外币的价值大小来定，除人民币兑比利时法郎和意大利里拉汇率采用一万（10000）单位、对日元汇率采用十万（100000）单位作为折算标准外，对其他各种外币汇率均以一百（100）单位作为折算标准。

比如你到日本旅行，下了飞机后，你须先到机场货币兑换亭兑换日元。你到柜台，看到屏幕上显示着不同的外币汇率。你会发现100元人民币竟然值1500日元，心想："我有10万元人民币，岂不是150万元！"但是，这一莫名的兴奋很快就会消失，因为你在商店买了一只皮箱之后，会发现钱已经花掉了一多半。

当你准备回家，再次来到货币兑换亭，想把没有用完的75万日元换回来时,却发现兑换率已经改变了,75万日元连5万元人民币都兑换不到。

汇率的变化,对你在境外的消费有直接影响,有时,它会让你兑换的外币贬值,有时会让你手中的外币更值钱。有这样一则笑话:

2010年,有一个美国人迈克来中国边学习边游玩,他到银行用10万美元兑换了68万元人民币。在中国他去了不少地方,一年的时间花了8万元人民币。第二年他要回美国,于是又到银行把余下的60万元兑换成美元,结果兑了10万美元。来时10万美元,回时还是10万美元,因为在这一年时间,美元兑人民的汇率已由一年前的6.8升到了6。所以迈克说,自己一分钱没有花,来中国学习、游玩了一年。

只要存在国际贸易,就必然涉及汇率。甚至我们出国旅游、学习、生活,都不可避免地会涉及汇率。

人民币对外汇率有两种表达方式:一种是以1单位外币来表示本国货币的数量,例如1美元=7.0704元人民币,叫作直接标价法;另一种是以1单位本币来表示外国货币的数量,例如1元人民币=0.1414美元。

世界上大多数国家都采用直接标价法,即1美元=×个本币,只有美国、英国使用间接标价法,即1美元=×个外币、1英镑=×个外币。所以说,不管是在使用直接标价法的国家,还是美国这样实行间接标价的国家,汇率的表达形式是相同的,都是"1美元="。

虽然表达形式一样,但是在外汇交易操作中,需要注意两种标价法存在的差异,否则会造成利益损失。在外汇市场上,银行要对即期汇率采用双档报价,即同时报出外汇的买入价(Bid rate)

和卖出价（Offer rate）。在直接标价法下，较低的价格为买入价，较高的为卖出价；而在间接标价法下，较高的价格为买入价，较低的为卖出价。

另外，汇率有即期汇率和远期汇率之分。在签订买卖契约当天或次日进行交割的外汇交易，使用的汇率是即期汇率；有时外汇交易可以指定在未来一个时间上交割，这一时间可以是30天、90天、180天，甚至几年，这种交易中所报的汇价，称为远期汇率。

汇率由外汇市场决定，它的变动对一国进出口贸易有着直接的调节作用。在一定条件下，通过使本国货币对外贬值，即让汇率下降，会起到促进出口、限制进口的作用；反之，本国货币对外升值，即汇率上升，则起到限制出口、增加进口的作用。

道琼斯指数：世界金融文化的代号

关注股市的朋友经常会听到"道琼斯指数"。与其说它是一个普通的财务指标，不如说是世界金融文化的代号。道琼斯指数是世界上历史最为悠久的股票指数，它的全称为股票价格平均指数。它是一种代表性强、应用范围广、作用突出的股价指数。

道琼斯指数最早是在1884年由道琼斯公司的创始人查尔斯·亨利·道编制的一种算术平均股价指数。

查尔斯·亨利·道是一位小农场主，他只有小学文化，依靠自学成了一名出色的财经记者。1882年11月，查尔斯·道和爱德华·琼斯在华尔街15号一间狭小的办公室里成立了道琼斯公司，当时他们的全部家当只有一台打字机和一部电话。公司的第一份业务，就是只有两页的晚报。这份名为《顾客晚报》的简讯，其内容为股市相关信息。起初，为了节省费用，他们只能将晚报内容重复抄写在24份劣质纸张上。公司成立后不久，第三个伙伴——记者查尔斯·伯格斯特里瑟加入进来。

1884年，他们推出了一项包括11种股票的指数。其中有9家铁路公司和两家汽轮公司的平均价格，这也是后来道琼斯指数的雏形。

1889年7月8日，晚报更名为报道股票信息的《华尔街日报》。1896年5月26日，查尔斯·道《华尔街日报》首次发表了30种工业股票的平均价格指数，也就是我们常说的道琼斯指数。

1902年3月，道琼斯公司以13万美元的价格被卖给新闻业巨头

第二章 金融术语——想认识它，先会叫它的名字

克拉伦斯·拜伦。查尔斯在同年去世，但他所创建的股票指数一直深刻影响着世界经济，并延续至今。

2007年8月1日，传媒大王默多克新闻集团以56亿美元收购道琼斯。

道琼斯指数是目前世界上影响最大、最有权威性的一种股票价格指数。它以在纽约证券交易所挂牌上市的一部分有代表性的公司股票作为编制对象，由4种股价平均指数构成。

这4种股价平均指数分别为：

（1）以30家著名的工业公司股票为编制对象的道琼斯工业股价平均指数；

（2）以20家著名的交通运输业公司股票为编制对象的道琼斯运输业股价平均指数；

（3）以15家著名的公用事业公司股票为编制对象的道琼斯公用事业股价平均指数；

（4）以上述3种股价平均指数所涉及的65家公司股票为编制对象的道琼斯股价综合平均指数。

在4种道琼斯股价指数中，以道琼斯工业股价平均指数最为著名，它被大众传媒广泛地报道，并作为道琼斯指数的代表加以引用。道琼斯指数由美国报业集团——道琼斯公司负责编制并发布。

最早的道琼斯股票价格平均指数是根据11种具有代表性的铁路公司的股票，采用算术平均法进行计算编制而成，随后发表在查理斯·道自己编辑出版的《每日通讯》上。该指数目的在于反映美国股票市场的整体走势，涵盖多个行业。

从1897年起，道琼斯股票价格平均指数开始分成工业与运输业两大类，其中工业股票价格平均指数包括12种股票，运输业平均指数则包括20种股票，并且开始在道琼斯公司出版的《华尔街日报》上公布。在1929年，道琼斯股票价格平均指数又增加了公

用事业类股票,使其所包含的股票达到65种,并一直延续至今。

最早的计算公式为:股票价格平均数=入选股票的价格之和/入选股票的数量。

目前的计算公式变为:股票价格平均数=入选股票的价格之和/道指除数。

之所以这个神秘的指数产生哪怕一丁点变化,都会带给亿万股民投资惊恐或狂喜,主要有以下几个原因:

(1)道琼斯股票价格平均指数所选用的股票都具有代表性,这些股票的发行公司都是本行业具有重要影响的著名公司,其股票行情为世界股票市场所瞩目,各国投资者都极为重视。为了保持这一特点,道琼斯公司对其编制的股票价格平均指数所选用的股票经常予以调整,用更具有活力的有代表性的公司股票替代那些失去代表性的公司股票。

(2)道琼斯股票价格平均指数要通过《华尔街日报》来公布,而《华尔街日报》是金融界最具有影响力的报纸。该报每天详尽报道其每个小时计算的采样股票平均指数、百分比变动率、每种采样股票的成交数额等,并注意对股票分股后的股票价格平均指数进行校正。在纽约证券交易营业时间里,每隔半小时公布一次道琼斯股票价格平均指数。

(3)这一股票价格平均指数自编制以来从未间断,可以用来比较不同时期的股票行情和经济发展情况,成为反映美国股市行情变化最敏感的股票价格平均指数之一,是观察市场动态和从事股票投资的主要参考。

当然,也有人对道琼斯工业指数提出批评,认为平均指数中只包括30种股票,且多为热门股,没有将近年来发展迅速的服务性行业和金融业的公司包括在内,欠缺一定的代表性。

金融机构：与时俱进的"票号"

提到"金融机构"，我们第一时间会想到银行。其实，除了银行，像一些保险公司、信用社、小额借贷公司等也属于金融机构。所以，金融机构是指从事与金融业有关的金融中介机构，为金融体系的一部分，金融业包括银行、证券、保险、信托、基金等行业。

据史料考证，我国在西周时期就有专司政府信用的机构"泉府"，西汉时期有私营高利贷机构"子钱家"。在唐朝之后，金融业得到了进一步发展。明末清初时，以票号、钱庄为代表的旧式金融业已非常发达。但是，封建社会没有使我国的商品经济得到快速发展，所以内生的金融需求较少，在西方资本主义国家先后建立起现代的金融机构体系的时候，我国的典当行、钱庄、票号等依然停留在高利贷性质的旧式金融机构中。

在19世纪中期，随着我国东南沿海门户被打开，资本主义大工业生产经营方式在中国得到了推广，此时，票号、钱庄等旧式的金融业便不再适应金融业发展的需要。1882年，我国首家民族证券公司——上海平准股票公司成立。之后，各类现代金融机构陆续建立起来。

如今的金融机构包括银行、证券公司、保险公司、信托投资公司和基金管理公司等。同时也指有关放贷的机构，发放贷款给客户在财务上进行周转的公司，而且他们的利息相对银行也较为高，但较方便客户借贷，因为不需繁复的文件进行证明。

依照不同的标准，金融机构可划分为不同的类型：

1. 按照地位和功能划分

第一类：中央银行，中国的中央银行即中国人民银行。

第二类：银行。包括政策性银行、商业银行、村镇银行。

第三类：非银行金融机构。主要包括国有及股份制的保险公司、城市信用合作社、证券公司（投资银行）、财务公司、第三方理财公司等。

第四类：在中国境内开办的外资、侨资、中外合资金融机构。

2. 按照金融机构的管理地位划分

按照金融机构的管理地位，金融机构可以划分为：金融监管机构与接受监管的金融企业。比如，中国人民银行、中国银行保险监督管理委员会、中国证券监督管理委员会等是代表国家行使金融监管权力的机构，其他的所有银行、证券公司和保险公司等金融企业都必须接受其监督和管理。

3. 按照是否能够接受公众存款划分

按照是否能够接受公众存款这个标准，金融机构可以划分为：存款性金融机构和非存款性金融机构。

存款性金融机构主要通过存款形式向公众举债而获得其资金来源，例如商业银行、储蓄贷款协会、合作储蓄银行和信用合作社等；非存款性金融机构则不得吸收公众的储蓄存款，如保险公司、信托金融机构、政策性银行以及各类证券公司、财务公司等。

4. 按照是否担负政策性融资任务划分

按照是否担负政策性融资任务这个标准，金融机构可以划分为：政策性金融机构和非政策性金融机构。

政策性金融机构是指中国主要的银行，如由政府投资创办、按照政府意图与计划从事金融活动的机构。非政策性金融机构则不承担国家的政策性融资任务。

如今我国金融业获得了飞速的发展，金融机构体系结构日臻完善，已经形成了由"一行两会"（中国人民银行、中国证券业监督管理委员会、中国银行保险监督管理委员会）为主导、大中小型商业银行为主体、多种非银行金融机构为辅翼的层次丰富、种类较为齐全、服务功能比较完备的金融机构体系，它们在国民经济发展中，发挥了重要的作用。

外汇储备：没有不行，多了也不行

你一定对"外汇储备"这个词不陌生，在网络、新闻中经常会看到。一般，每个国家都会有一定的外汇储备，但是，并不是哪一个国家的货币都能成为国际储备资产。

外汇储备又称为外汇存底，指为了应付国际支付的需要，各国的中央银行及其他政府机构所集中掌握，并可以随时兑换成外国货币的外汇资产。通常，外汇储备的来源是贸易顺差和资本流入，集中到本国央行内形成外汇储备。外汇储备主要包括现钞、国外银行存款、国外有价证券等。

如果一个国家有了一大笔外汇，一般会将它放在哪里呢？外汇储备只能存到外国银行，包括本国的境外银行和国内的外资银行，或购买外国的国债等有价证券。因为国债等有价证券流动性强、收益率高，所以，各国的外汇储备大多数投资于外国政府发行的国债等有价证券。比如，很多国家会用外汇购买美国的国债。

因为美元是国际结算货币，也即"世界货币"，所以，大多数国家会持有美元外汇储备，否则，就没办法开展对外贸易。你说你手里只有本国货币，对方不一定会与你交易。

外汇储备除了用来开展对外贸易，还有一个主要作用，就是用来调节经济运行。通过调节外汇储备，可以实现对经济的调节，从而实现内外的平衡。当国际收支出现逆差时，动用外汇储备可以促进国际收支的平衡；当国内宏观经济不平衡，出现总需求大于总供给时，可以动用外汇组织进口，从而调节总供给与总需求的关系，促进宏观经济的平衡。

同时当汇率出现波动时，可以利用外汇储备干预汇率，使之趋于稳定。因此，外汇储备是实现经济均衡稳定的一个必不可少的手段，特别是在经济全球化不断发展，一国经济更易于受到其他国家经济影响的情况下，更是如此。

通常，外汇储备的增加不仅可以增强宏观调控的能力，而且有利于维护国家和企业在国际上的信誉，有助于拓展国际贸易、吸引外国投资、降低国内企业融资成本、防范和化解国际金融风险。适度的外汇储备水平取决于多种因素，如进出口状况、外债规模、实际利用外资等。应根据持有外汇储备的收益、成本比较和这些方面的状况把外汇储备保持在适度的水平上。

外汇储备除了对于平衡国际收支、稳定汇率有重要的影响，而且也可以表征一个国家的国际清偿能力，是其综合国力的体现。

截至2019年7月末，我国外汇储备规模为31037亿美元。70年沧桑巨变，外汇储备由短缺到富足，从一个侧面见证了我国对外贸易的发展壮大。充裕的外汇储备，客观上反映了我国的对外贸易实力，这是因为，我国外汇储备的存量大多来自国际收支顺差的积累，而国际收支持续顺差通常是一国对外经济实力的客观反映，这意味着我国对外经济实力正在逐步增强。

这是不是说，外汇储备越多越好？不一定。

一方面，外汇储备要适当。太多了，将给自己产生通货膨胀压力，压缩国内市场，本质上也降低了国民的福利水平。为了抑制通货膨胀还可能要保持高利率，也不利于经济增长，还会造成国民收入畸形分配的后果。我们国家的国民收入中，劳动要素的收入很低，不到GDP的40%（正常情况应该在70%左右），与外汇储备过量不无关系。但适度的外汇储备有利于对外贸易和引进资本。

另一方面，外汇储备也不能随便瞎用，特别是不能按有些人讲得那样，把它发放给国民乱用。如果发给国民，还是要发人民币，这等于第二次发行人民币，而外汇储备本身并没有消除。这样做就会影响国民经济的正常运行。正确的做法是：一要扩大引进外资，起到平衡外汇市场的作用；二要扩大进口，增加国内的有效供应，以降低国内物价，使老百姓享受到实际福利。但因为国民经济的实际结构与货币表现总有不对称性，这种调整如果太猛，也会带来问题。

所以说，外汇储备是一把双刃剑，没有不行，少了也不行，多了更不行。虽然我国的外汇储备世界第一，但不能因此盲目自大，真正的使用好我们的外汇储备才是关键。

第三章

金融市场——创造财富神话的"大舞台"

> 金融市场类似于零和游戏,它本身不能创造价值,在整体的宏观经济中,金融行业和金融市场的作用在于,通过对剩余价值或是剩余资本的再分配以提高整体的资本利用效率,从而促进整体经济更快和更好地发展。

货币市场：为闲置资金找出路

很多人会纳闷：货币也有市场？货币市场就是用钱买钱的市场吗？面对"货币市场"，很多初次接触金融学的人经常会产生这样的疑问。

的确，货币也是有市场的。货币市场，是指期限在一年以内的金融资产交易的市场。该市场的主要功能是保持金融资产的流动性，以便随时转换成可以流通的货币。它的存在，一方面满足了借款者的短期资金需求，另一方面为暂时闲置的资金找到了出路。

货币市场一般指国库券、商业票据、银行承兑汇票、可转让定期存单、回购协议等短期信用工具买卖的市场。其具有期限短、流动性强和风险小的特点，在货币供应量层次划分上被置于现金货币和存款货币之后，称为"准货币"，所以将该市场称为"货币市场"。

一个有效率的货币市场应该是一个具有广度、深度和弹性的市场，其市场容量大，信息流动迅速，交易成本低，交易活跃且能持续，可以吸引大量的投资者和投机者参与其中。

保持资金的流动性，是货币市场产生和发展的原始动力。货币市场借助于各种短期资金融通工具，使资金需求者与资金供应者建立联系，从而既满足了资金需求者的短期资金需要，又为暂时闲置资金提供了获取盈利的机会。但这只是货币市场的表面功能。如果将货币市场置于金融市场，以至市场经济的大环境中，你会发现，货币市场有许多种功能。如，它既为银行、企业提供灵活的管理手段，使其在对资金的安全性、流动性、盈利性相统一的管理上更方便有效，又为中央银行在调控宏观经济时采取货币政策提供手段，为金融市场的健康发展发挥重要作用。

一般，货币市场由6个子市场组成，它们分别为：同行业拆借市场、票据市场、大额可转让定期存单市场、国库券市场、消费信贷市场和回购协议市场。

如果根据不同的借贷，或是交易方式来划分，货币市场又可分为如下几类：

1. 银行短期信贷市场

它是指国际银行同业间的拆放，以及银行对工商企业提供短期信贷资金的场所。该市场是在资本国际化的过程中发展起来的，其功能在于解决临时性的短期流动资金的不足。

短期信贷市场的拆放期是长短不一的。最短为日拆，一般多为1周、1个月、3个月和6个月，最长不超过1年。拆放利率以伦敦同业拆放利率（LIBOR）为基础。该市场交易方式较为简便，存贷款都是每天通过电话联系来进行的，贷款不必担保。

在我国，银行短期信贷市场集中在上海的全国银行间同业拆借中心。其利率称为上海银行间同业拆放利率（SHIBOR），也称为中国的LIBOR。发行隔夜、1周、两周、1个月、两个月、6个月、9个月、1年共8个品种。由18家大型银行组成报价银行团。

2. 短期证券市场

它是指信用良好的工商企业为筹集短期资金而开出的票据。它可通过银行发行，票面金额不限，期限一般为4~6个月，交易按票面金额贴现的方式进行。

这里所指的短期证券包括：国库券、可转让定期存款单、商业票据、银行承兑票据等，它们的最大特点是具有较大的流动性和安全性。各国的短期信用工具种类繁多，名称也不一样，但实质上都属于信用票据。

3. 贴现市场

它是指对未到期票据，通过贴现方式进行资金融通而形成的交易市场。贴现市场的主要经营者是贴现公司。贴现交易的信用票据主要有政府国库券、短期债券、银行承兑票据和部分商业票据等。贴现利率一般高于银行贷款利率。

改革开放之初，我国客观上采取了"先资本市场，后货币市场"的发展思路，原因有二：一是因为对货币市场功能的认识存在不足；二是并未从完善金融市场及经济和金融的可持续发展出发来考虑问题。

当时，制约我国经济发展的最主要的因素是资金问题，尤其是长期资金问题。而由于通过资本市场所筹集的正是长期资金和永久性资金，恰恰能够解决这一问题，所以，资本市场成为金融市场发展的重点，而货币市场的发展则显得滞后。

随着金融体制改革的不断深入，目前我国的货币市场越来越大，已形成比较完善的市场体系，包括同业拆借市场、票据贴现市场、国库券市场等子市场。从整体上来看，虽然我国的货币市场在金融市场中发挥着举足轻重的作用，但是随着市场经济发展的深化，货币市场的发展问题也在日益突出，这些问题迫切地需要得到解决。

外汇市场：国际投资者的新宠儿

过去，人们对外汇市场的了解，仅限于一个外币的概念，但是近些年来，它已较能为一般人了解，而且外汇交易也是很多人投资或理财的一种重要形式。

比如，你持有一些美元，又持有一些人民币。由于美元的升值或贬值，都可能影响你的资产价值，进而影响到总体财务状况。所以，如果你对汇率足够敏感，便可以通过增持或减持美元来从中获利。

在某市，有一位姓张的女士，30岁出头，是一家公司的白领。平时，她的一大爱好就是理财。一次，她通过新闻得知美联储正在就降低利率进行决议，于是，她每天定时关注外汇行情，并提前布局。3个月后，她获利40%。她说，这个市场某一时刻某一天的行情，如同微观粒子的波粒二象性，存在各种可能，但是微观组成的宏观行情，又存在其特性和规律，所以，看好宏观，执行好微观，做到更透彻，你就能够实现盈利。

的确，对于普通投资者而言，并不是很了解外汇市场，也更谈不上炒外汇了。但是，外汇市场却与每个人息息相关。

那么什么是外汇市场呢？

外汇市场，是国际汇兑的简称。外汇市场的概念有静态和动态之分。动态外汇，是指把一国货币兑换成另一国货币以清偿国际间债务的金融活动。从这个意义上来说,动态外汇等同于国际结算。静态的外汇又分为广义和狭义。广义的外汇是外国外汇管理法令所称的外汇。它泛指一切对外金融资产。

一句话,外汇市场是指经营外币和以外币计价的票据等有价证券买卖的市场,它是金融市场的主要组成部分。它的主要职能是经营货币商品,即各个国家的货币。

那么外汇市场是如何产生的呢?

(1)贸易和投资。各国间因贸易往来、投资、旅游等,总会产生货币收支关系。但各国货币制度不同,要想在国外支付,必须先以本国货币购买外币;同时,从国外收到外币支付凭证也必须兑换成本国货币才能在国内流通。这样就发生了本国货币与外国货币的兑换问题。与此相类似,一家买进外国资产的公司必须用当事国的货币支付,因此,它需要将本国货币兑换成当事国的货币。

(2)投机。两种货币之间的汇率会随着这两种货币之间的供需变化而变化。交易员在一个汇率上买进一种货币,而在另一个更有利的汇率上抛出该货币,他就可以盈利。投机占了外汇市场交易的绝大部分。

(3)对冲。由于两种相关货币之间汇率的波动,那些拥有国外资产(如企业)的公司将这些资产折算成本国货币时,就可能遭受一些风险。当以外币计值的国外资产在一段时间内价值不变时,如果汇率发生变化,以国内货币折算这项资产的价值时,就会产生损益。公司可以通过对冲消除这种潜在的损益。这就是执行一项外汇交易,其交易结果刚好抵销由汇率变动而产生的外币资产的损益。

外汇市场是全球最大的金融市场，单日交易额超过6万亿美元。在人们的传统印象中，认为外汇交易仅适合银行、财团及财务经理人所应用，但是经过这些年，外汇市场持续成长，并已联结了全球的外汇交易人，包括银行、中央银行、经纪商及公司组织如进出口从业者及个别投资人，许多机构组织包括美国联邦银行都透过外汇赚取丰厚的利润。

现在，外汇市场活动主要集中在伦敦、纽约、东京、中国香港和新加坡等地，在所有外汇交易中，美元、欧元、日元位居前三，其中美元的份额超过总交易额的八成。

黄金市场：自由的全球市场

黄金市场，是指集中进行黄金买卖和金币兑换的交易市场。它分为国内黄金市场与国际黄金市场两种类型。因内黄金市场只允许本国居民参加，不允许非居民参加并禁止黄金的输出输入。国际黄金市场只允许非居民参加或居民与非居民均可参加，对黄金的输出输入不加限制或只有某种程度的限制，是国际金融市场的重要组成部分。

黄金市场上的黄金交易具有两种性质：一是黄金作为商品而买卖，即国际贸易性质；二是黄金作为世界货币而买卖，用于国际支付结算，即国际金融性质。

近几年，各国央行似乎看到一个风向标，那就是大量囤积黄金。作为黄金储备大国，截至2019年第一季度，美国官方持有的黄金储备量高达8133.5吨，是唯一的官方黄金储备量超过8000吨的国家，是第二名德国官方持有黄金总量的两倍多。

但是，与数十年前相比，美国的黄金储备量还是下降了很多——第二次世界大战后，美国的黄金储备量一度超过2万吨，并在此基础上建立了"布雷顿森林货币体系"。而到了20世纪70年代，美元与黄金不再直接"挂钩"后，其黄金储备量降至约1万吨。

欧洲多国近年一直致力于通过保护本国黄金的做法，以对冲货币和经济风险，并加强了将储存在海外的黄金运回国内的行动。

比如，德国、奥地利、荷兰、瑞士等国相继运回，或宣布运回此前储存在美国等海外金库中的部分黄金。

那么问题来了：黄金一直被视为是避险资产，为什么各国纷纷在同一时间囤积黄金呢？原因有二。

（1）去美元化。在布雷顿森林体系之后，美元成了全球货币体系中心，美元与黄金挂钩，各国货币和美元挂钩。以美债形式存在的美元资产是各国央行的核心资产储备之一，这样，各国经济不得不"看美国脸色"。所以，当美元资产不断受压，一些国家便开始考虑去美元化，卖了美债，而买入稳定的黄金。

（2）黄金可以避险。如今，美国动辄就对其他国家进行经济制裁，世界经济前景不够明朗，不少国家为了刺激经济纷纷降息，人们手里的纸币不知什么时候就会贬值，相比之下，握有真金白银更有利于保值。

黄金市场价格的上涨和下跌，是形象直观地标示黄金市场的"晴雨表"，是影响黄金市场走势的一对核心反向因素。所以，成功的黄金投资者，首先就要从影响黄金市场价格上涨和下跌的因素入手，研究未来黄金市场的走势，从而有效地把握黄金市场运行的脉搏，准确地做出"低买"与"高卖"的决策，不失时机地采取付诸实施的行动。

2009年4月2日，G20集团宣布支持国际货币基金组织出售403吨黄金以援助贫困国家。英国首相布朗宣布：二十国集团同意为多边金融机构提供总额为1万亿美元的资金，此消息一经公布，便出现了金价见底的"布朗底"信号。

某地的谢先生炒过几年纸黄金，对黄金市场价格上涨和下跌传递的信号比较敏感。此时，他认为金价较低，有上升的空间。

2009年9月3日，当国际金价为每盎司900多美元时，他买入100多万元纸黄金，12月3日，黄金价格上升到每盎司1227.50美元，他选择离场，3个月时间赚了几十万元。

目前，普通市民投资黄金理财大致分为实物黄金、纸黄金、黄金T+D、黄金期货、黄金股票、黄金ETF、黄金定投等。这些投资方式的风险大有不同，可选择合适自己的品种进行投资。

黄金市场的价格为什么会上涨和下跌呢？原因是多方面的，其中最关键的一条就是：黄金市场的供求关系，决定黄金的价格涨跌。也就是说，在市场经济条件下，依据"物以稀为贵"的商品价格形成机制，市场的黄金价格是黄金市场供给和黄金市场需求两个方面相互作用的结果，即"市场黄金供不应求则黄金价格上涨，市场黄金供过于求则黄金价格下跌"。

如，人们常会在通货膨胀时储备黄金，政治争斗和战争也会促使人们储备黄金。而储备黄金的行为会造成黄金的供不应求，从而价格上扬。

除此之外，美元与黄金之间存在着"此起彼伏"与"此伏彼起"负相关性的密切关系，即美元坚挺则金价下跌，美元疲软则金价上升。

当然，金价还与世界经济形势有关。在决定黄金价格走势与世界宏观经济局势变化之间呈现了负相关性的密切关系，即国民经济兴盛则黄金价格下跌，国民经济衰退则黄金价格上涨。

第二次世界大战之后的一段时期，由于国际货币基金组织限制其成员的黄金业务，规定各国官方机构不得按与黄金官价相背离的价格买卖黄金，所以西方各国的官方机构只能通过美国财政部按黄金官价进行交易。

第三章 金融市场——创造财富神话的"大舞台"

1968年,黄金总库解散,美国及其他西方国家不再按官价提供黄金,而是任由市场金价自由波动。1971年8月15日美国宣布不再对外国官方持有的美元按官价兑换黄金。从那之后,世界上的黄金市场便成为一种自由市场。如今,黄金市场是一个全球性的市场。伦敦和纽约是世界上最大的两个黄金交易市场所在地。

保险市场：特殊的"期货"交易市场

提到保险，我们往往会狭义地理解为社保，或是某种商业保险，其实，保险的分类方式有很多种。并且，经过多年的发展，现在已形成了一个较成熟的保险市场。

保险市场是指保险商品交换关系的总和或是保险商品供给与需求关系的总和。它既可以指固定的交易场所，如保险交易所，也可以是所有实现保险商品让渡的交换关系的总和。保险市场的交易对象是保险人为消费者所面临的风险提供的各种保险保障及其他保险服务，即各种保险商品。

在保险市场中，有4个构成要素，分别是：为保险交易活动提供各类保险商品的卖方或供给方；各类保险商品的买方或需求方；各类保险商品；保险中介方。

1. 保险商品的供给方

在保险市场上，提供各种保险商品，承担、分散和转移他人风险的各类保险人称为保险商品的供给方。它们以各类保险组织形式出现在保险市场上，常见的有国有保险人、私营保险人以及合营保险人或合作保险人等。

2. 保险商品的需求方

保险商品的需求方是指在一定时间、一定地点等条件下，为寻求风险保障而对保险商品具有购买意愿和购买力的消费者的集合。保险商品的需求方就是保险营销学所界定的"保险市场"即"需求市场",它由有保险需求的消费者、具有相应的缴费能力和投保意愿3个因素构成。

3. 保险商品

目前,保险的种类繁多,可谓五花八门。归纳起来,主要有以下几类:

(1)财产保险。如平日我们说得最多的车险、家财险,这些都属于财产保险。

(2)人身保险。如死亡、疾病、意外、养老等险种。

(3)人寿保险。这是一种以人的死亡作为保障对象的保险。

(4)健康保险。该类险以人的身体健康为对象。

(5)意外保险。意外伤害保险是以意外造成的死亡、残疾等作为保障对象的保险。意外医疗赔付的是意外事故造成的就医费用。

(6)年金保险。教育金和养老金都属于年金保险,它们可以帮我们强制储蓄,以应对未来生活需求。

除此之外,还有一些特殊险种,每种保险保障的范围并不相同,报销或赔付的比例也不相同。

4. 保险市场中介方

保险市场中介方既包括充当保险供需双方媒介的人,及将保险人和投保人联系起来并建立保险合同关系的经纪人,也包括独立于保险人与投保人之外,以第三者身份处理保险合同当事人委托办理的有关保险业务的公证、鉴定、理算、精算等事项的人,如保险公证人或保险公估人、保险理算师、保险律师、保险精算师等。

作为一种风险市场，保险市场交易的对象是保障产品，即对投保人转嫁于保险人的各类风险提供保障，因此其直接与风险相关联。它的一个主要特征是非即时清结。那么什么是非即时清结？

所谓即时清结，就是指市场交易一旦结束，供需双方立刻就能确切知道交易结果。而保险交易，因为风险的不确定性，使得交易双方都不可能确切地知道交易之后的结果，不能立刻清结。从这个角度看，保险市场是特殊的"期货"交易市场。保险市场所成交的任何一笔交易，都是保险人对未来风险事件所致经济损失进行补偿的承诺。

如今，越来越多的人熟知、认可保险，并会积极为自己、家人、财产等购买各类保险，所以，保险行业越来越成为金融行业中的一个重要支柱，它会在未来的国民经济中担当起非常重要的角色，这一点，从现在很多互联网企业开始布局保险行业就可以看出来。

股票市场：最大的合法"赌场"

股票市场，顾名思义是股票发行和交易的场所，包括发行市场和流通市场两部分。股份公司通过面向社会发行股票，迅速集中大量资金，实现生产的规模经营。而社会上分散的资金盈余者本着"利益共享、风险共担"的原则投资股份公司，谋求财富的增值。

为了对股票市场有更形象直观的认识，先来看一则故事。

有一位商人到了一个村庄，村庄四周的山上全是猴子。于是，商人便对种地的村民说："我要买猴子，100元一只。"村民一听，觉得抓猴子卖比种地划算多了。于是，有人试着抓了一只猴子卖给商人，商人得到猴子后，果真给了他100元。

于是全村的人都去抓猴子。很快商人买了200多只猴子，这时，山上几乎看不到猴子的身影。这时，商人又出价200元买一只猴子，村民见价格翻番，便又纷纷去抓，商人又买了，但猴子已经很难再抓到了。于是，商人又出价300元一只，但是，一天也买不到一只。最后，商人出价500元一只，但山上已没有猴子了，所有猴子都在商人这里。

一天，商人回到城里，他的秘书和村民们说："现在我把猴子卖给你们，300元一只，等商人回来，你们再500元卖给他，这样你们就发财了。"村民一听，乐坏了，于是砸锅卖铁，四处筹钱，将所有猴子都买了回去。秘书带着钱离开了，之后，商人再也没有回来。

村民等了很久,他们相信商人一定会回来买他们的猴子。后来终于有人等不及了,因为猴子每天都要吃香蕉,这是一笔不小的开支,于是只好把猴子放回山中,不久,山上又到处都是猴子。

有人说,这像极了传说中的股市!的确,村民们与商人的交易,与股市中的股票交易有几分相似。其最大的共同点就是,钱本身并没有增值,只是从一个人手里流向另一个人手里,而猴子只是促成这些钱流动的中介,它就像股民手中的股票。

谈到股票市场,就必须先了解股票,要了解股票,就必须了解股份公司。最早的股份公司产生于17世纪初的荷兰和英国,当时,这些国家为了发展对外贸易,成立了海外贸易公司。这些公司通过募集股份资本而建立,具有明显的股份公司特征,如有董事会,成立了股东大会,实行按股分红,实行有限责任制。

1695年,英国成立了约100家新股份公司。18世纪下半叶,英国开始了工业革命,大机器生产逐步取代了工场手工业。在这场变革中,股份制功不可没。随着工业革命向其他国家扩展,股份制也传遍了资本主义世界。

19世纪中期,美国产生了一大批靠发行股票和债券筹资的筑路公司、运输公司、采矿公司和银行,股份制逐步进入了主要经济领域。到第一次世界大战结束时,美国制造业产值的90%由股份公司创造。19世纪后半叶,股份制传入日本和中国。日本明治维新后出现了一批股份公司。我国在洋务运动时期建立了一些股份制企业,1873年成立的轮船招商局,发行了中国最早的股票。

股票出现之后,不可避免地会被转让和买卖。1611年,有一批商人在荷兰的阿姆斯特丹买卖海外贸易公司的股票,形成了股票交易所的雏形。1773年,在伦敦柴思胡同的约那森咖啡馆正式成立了英国第一个证券交易所，以后演变为伦敦证券交易所。1792年，24名经纪人在纽约华尔街订立协定，形成了经纪人联盟，即纽约证券交易所的前身。

进入20世纪之后，股票市场发展迅速，大致经历了以下3个阶段。

1. 自由放任阶段（1900—1929年）

20世纪前30年中，美英等国的股份公司迅速增加，使股票市场规模和筹资能力迅速扩大。一方面，发行市场迅速扩大，流通市场空前繁荣，交易量直线上升。另一方面，由于缺乏监管，股票欺诈和市场操纵时有发生，自由放任带来了严重的过度投机。1929年10月29日，爆发了严重的金融危机，各国股票市场相继出现暴跌。

2. 法制建设阶段（1930—1969年）

1929年经济危机之后，各国政府开始对股票进行规范。比如，美国政府开始从法律上对证券市场加以严格管理，制定了《1933年证券法》等一系列证券法律。美国1934年成立证券交易管理委员会，直接对股票市场进行监督和管理，为美国证券市场成为世界上最大的证券市场奠定了基础。其他有关国家的证券法制建设也不断加强，股票市场逐渐规范。

3. 迅速发展阶段（1970年之后）

进入20世纪70年代之后，随着西方工业发达国家经济的快速发展，东南亚和拉美发展中国家经济的蓬勃兴起，以及现代计算机、通信和网络技术的进步，股票市场步入了迅速发展的阶段。

1986年,全球股票市场的市值总额为6.51万亿美元,全球上市公司总数为2.82万家,到1995年底市值总额上升到17.79万亿美元。10年间市值增长了近3倍。截至2018年8月,全球股票市值达80万亿美元。

很多人把股市理解为一个投机的场所,认为进入股市买卖股票就是不劳而获。其实不然,股票市场的存在,不管是对国家经济的发展,还是对提升上市公司的业绩都会产生非常大的作用。

金融衍生产品市场：大杀伤性的零和游戏

金融衍生品，是与金融相关的派生物，通常是指从原生资产派生出来的金融工具。其共同特征是保证金交易，即只需要支付一定比例的保证金就可进行全额交易，不需实际上的本金转移，合约的了结一般也采用现金差价结算的方式进行，只有在满期日以实物交割方式履行的合约才需要买方交足贷款。

所以，金融衍生产品交易具有杠杆效应。保证金越低，杠杆效应越大，相应的风险也越大。简单来说，就是投资者可以拿1000元去做1万元或者更大金额的交易。一般来说，所有带杠杆的交易对象，都可以被理解为金融衍生产品。

金融衍生产品的价值取决于一种或多种基础资产或指数，它的基本种类包括远期、期货、掉期（互换）和期权，以及具有远期、期货、掉期（互换）和期权中一种或多种特征的混合金融工具。金融衍生产品市场是由一组规则、一批组织和一系列产权所有者构成的一套市场机制。

在现实中，每个人的生活都和衍生品息息相关，只不过很多时候我们没有意识到而已。

有些人会问："我们现如今所用到的金融工具的起源是什么？它们是如何实现无处不在的？"

要回答这个问题，需要先对金融史进行一次极简的巡游。

公元前4500—前4000年，生活在底格里斯河和幼发拉底河地区的苏美尔人开始用写作和数学来开发一种革命性的金融交易新会计方法。

苏美尔人使用放在黏土容器中的黏土代币,以及后来的黏土书写片来标记要交易的商品,用于记录被交易商品的交货日期。这与今天的期货合约很像,所以被认为是金融衍生品的鼻祖。

历史上,第一个记录在案的衍生品交易案例可以追溯到公元前600年左右的古希腊,当时米利都的哲学家泰勒斯成了世界上第一个油衍生品交易商,他交易的商品是橄榄油。

他先预测丰收的季节,然后与客户去谈生意,并达成了在春季到来之时交付橄榄油压榨机的合约——这与今天的看涨期权相似,以使自己从橄榄油价格的上涨中获利。他依靠自己的聪明才智抢占了先机,赢得了市场,赚得了巨额财富。

在中世纪的欧洲,金融衍生品得到了广泛使用,人们使用"公平信件"来买卖农产品。商人们在一些集市上存放和销售商品,买家使用信用证从集市上购买商品,然后通过货币兑换商来进行结算。之后,商人们将钱存到当地的金匠那里。结果,金匠最后变成了银行家。

1848年,全球最大的期货交易所芝加哥期货交易所成立。1865年,标准化的交易协议和法规被引入,其大幅提高了效率,并降低了交易成本。大量的投机者纷纷涌入,寻求从波动的商品价格中获利,这大幅增强了商品及资本的流动性。

金融衍生品交易主要有两种:场内交易和场外文易。

1. 场内交易

这种交易方式要求,所有的供求方集中在交易所,以竞价的方式进行交易。这种交易方式具有交易所向交易参与者收取保证金，同时负责进行清算和承担履约担保责任的特点。另外，因为各个投资者的需求不同，交易所事先设计出标准化的金融合同，由投资者选择与自身需求最接近的合同和数量进行交易。所有的交易者集中在一个场所进行交易，这就增加了交易的频率，容易形成流动性较高的市场。期货交易和部分标准化期权合同交易都属于这种交易方式。

2. 场外交易

场外交易又称柜台交易，指交易双方直接成为交易对手的交易方式。这种交易方式有许多形态，可以根据每个使用者的不同需求设计出不同内容的产品。同时，为了满足客户的具体要求，出售衍生产品的金融机构需要有高超的金融技术和风险管理能力。但是，由于每个交易的清算是由交易双方相互负责进行的，由此，交易参与者仅限于信用程度高的客户。相对而言，场外衍生品市场监管难度更大，对于参与者的要求也更高。

金融衍生品和股票最大的不同在于：股票市场会膨胀，升值时人人受益，下跌时无人可以幸免；购买金融衍生产品则为零和游戏，有点像赌博，有人赚钱，就一定有人输钱。曾经，"股神"巴菲特形象地将衍生产品描述为"大规模杀伤性金融武器"。

所以，买卖金融衍生产品时要格外谨慎，因为由其引起的损失有可能大于投资者最初投放于其中的资金。同时由于其本身并不代表任何资产，其买卖也不应该被视为投资。

根据国际清算银行2018年的数据，衍生产品市场规模高达542万亿美元，是全球GDP的近8倍！

第四章

互联网金融——开启新经济时代

> 互联网金融是一种新型的具有线下交易功能的线上模式，它是现代互联网技术与传统金融业务的有机结合。随着无良、不合规的平台逐渐被清理，狂热的资本渐渐退去，互联网金融经过一段时间的野蛮生长，正在逐渐回归理性。

移动支付：开启无现金支付模式

移动支付，是指人们通过手机等终端来进行电子货币支付。在生活中，诸如网上购物，或是缴纳话费、燃气、水电等生活费用都要用到移动支付。移动支付将互联网、终端设备、金融机构有效地联合起来，形成了一个新型的支付体系，并开创了一种新的支付方式。

在互联网已经普及的今天，移动支付打破了传统支付对于时空的限制，使用户可以随时随地进行支付活动。传统支付以现金支付为主，需要用户与商户之间面对面支付，因此，对支付时间和地点都有很大的限制。另外，用户可以随时随地通过手机进行各种支付活动，并对个人账户进行查询、转账、缴费、充值等功能的管理，这为用户的生活带来了极大的便利。

早在1999年，国内最早的移动支付就已经出现。2002年，中国银联推出了手机短信支付模式，方便用户用手机查询、缴费。2012年前后，中国联通、中国移动、中国电信先后成立了电子商务公司，同时，在这一时间段，支付宝推出了条形码支付业务，拉开了移动支付的序幕。此后，出现了微信支付、京东支付、财付通等移动支付平台，很快形成以支付宝为首，多家支付平台共同竞争发展的现状。

2010年，中国第三方支付市场移动支付业务交易额只有442亿元左右，但到了2011年，中国第三方支付市场移动支付业务交易额达到了742亿元左右，增长幅度达到67.78%。在2012年，第三方移动支付业务持续发力，中国第三方支付市场移动支付业务交易额再次创下一个纪录，达到1445亿元左右，增长幅度达到94.7%。2018年移动支付金额高达277万亿元。

移动支付到底都包括哪些内容呢？

其实很简单，从广义上来说，移动支付主要分为近场支付和远程支付两种方式。所谓近场支付，就是用手机刷卡的方式坐车、买东西等。这种方式目前在国内许多一二线城市都开始实施了。远程支付是指通过发送支付指令（如网银、电话银行、手机支付等）或借助支付工具（如通过邮寄、汇款）进行的支付方式。

而从狭义上来说，移动支付也称为手机支付，就是允许用户使用其移动终端对所消费的商品或服务进行账务支付的一种服务方式。单位或个人通过移动设备、互联网或者近距离传感直接或间接向银行金融机构发送支付指令，产生货币支付与资金转移行为，从而实现移动支付功能。例如，我们用支付宝支付货款，用微信支付交电费、水费、手机费等，都属于狭义上的移动支付。

如今，几乎所有的传统商家都在使用这种快速的移动支付方式，并将它视为布局O2O的利器。特别对零售企业来说，移动支付的价值并不只是增加一个交易支付通道，更为商家推进O2O营销战略提供了更强大的支持。

比如超市的收银台，如果使用现金支付，那么对于超市而言，成本会很高。首先，收银员要面对假币、残币风险，即便已经非常小心，但层出不穷的假币还是让人防不胜防。另外，繁杂反复的找零动作让收银员疲惫不堪，店长还需要每天去银行排队存款。再就是，超市哪里会有那么多零钱呢？除了银行提供一小部分外，剩下的就需要去菜市场、小摊档兑换零钱了。所以说，在现金收银的背后,超市已经耗费了大量的精力。

如果用银联卡、信用卡的话,同样需要很大的支付成本。我们从刷卡到输入密码,再到签字确认,这一系列环节完成后,通常需要1分钟的时间成本,这大大降低了超市的运营效率,同样不划算。

随着移动支付越来越普及,以及支付宝、微信支付等支付平台的不断发展,人们购物、消费越来越方便,如乘车可以扫码付款,吃饭可以扫码付款,玩乐可以扫码付款,还钱也可以扫码转账。可以说,移动支付已全面渗入人们的生活当中,许多时候,出门只带一部手机,就可以解决吃穿住行的问题,所以也可以说,我们正在步入无现金时代。

第三方支付：一种新式消费习惯

提到"第三方支付"，似乎大家都知道：像支付宝、微信等移动支付方式，不就是第三方支付吗？的确，支付宝和微信支付是行业内具有代表性的第三方支付方式，但是，移动支付不一定就是第三方支付。在现实中，第三方支付的产品类型和支付场景有很多。如，百度钱包、PayPal、中汇支付、拉卡拉、财付通、融宝、盛付通、腾付通、通联支付、易宝支付、快钱、国付宝、物流宝、网易宝、汇付天下、汇聚支付、宝易互通、宝付、乐富等。

那么什么是第三方支付呢？第三方支付是指具备一定实力和信誉保障的独立机构，通过与网联对接而促成交易双方进行交易的网络支付模式。在我国，从事第三方支付业务必须申请第三方支付牌照（支付业务许可证）。

通过第三方支付模式，买方选购商品后，使用第三方平台提供的账户进行货款支付（支付给第三方），并由第三方通知卖家货款到账、要求发货；买方收到货物，检验货物，并且进行确认后，再通知第三方付款；第三方再将款项转至卖家账户。

之所以称"第三方"，是因为这些平台并不涉及资金的所有权，而只是起到中转作用。它原本是通过提供线上和线下支付渠道，来解决不同的银行卡在网上银行进行对接，以及异常交易带来的信用缺失问题，从而完成消费者、商户、金融机构之间的货币支付、资金清算、查询统计等系列过程。

第三方支付最早源于美国。1996年，全球第一家第三方支付公司在美国诞生，随后逐渐涌现出Amazon Payments、PayPal等一批第三方支付公司。其中PayPal也是世界上使用范围最广的第三方支付公司。PayPal支持200多个国家和地区，全球活跃用户接近2亿，通用货币涵盖加元、欧元、英镑、美元、日元、澳元等20多种。

1998年在美国的斯坦福，一位叫马克斯·列夫琴的程序员被一场名为"市场全球化和政治自由之间的联系"的演讲所感动，演讲结束后，他主动找到演讲者彼得·蒂尔交流。他谈了自己的想法：为了解决当前支付领域的各种痛点，可以尝试用一种新的技术来代替现金，实现个人对个人的支付。

之后，他们共同创立了康菲尼迪支付公司。其产品的初衷是提供一个方便客户和商家进行网上金钱交易的工具。

2000年，埃隆·马斯克为解决在网上快捷转账业务上的竞争，将X.com公司与彼得·蒂尔和马克斯·列夫琴创办的康菲尼迪公司合并，次年2月，这家新公司更名为贝宝PayPal。

在中国，最早的第三方支付企业是1999年成立的北京首信和上海环迅两家企业。当时，由于国内电子商务发展缓慢，所以，其影响力非常有限。2004年12月，阿里巴巴公司推出支付宝，在淘宝购物平台的强大影响下，其业务取得了突飞猛进的发展，第三方支付的交易规模也呈飞速增长趋势，仅用4年时间便以超过两亿使用用户的绝对优势胜过美国的贝宝，成为全球最大的第三方支付平台。

2018年"天猫双11全球狂欢节"当天，现场实时数据显示，开场2分05秒破百亿元，26分03秒破500亿元，1小时47分26秒破千亿元。每秒的订单最高时达到49.1万笔，其他技术的各种峰值数据也再次打破全球纪录。

第四章 互联网金融——开启新经济时代

在国内,支付宝一直引领行业创新之路,从最开始的第三方担保交易模式,到后来的快捷支付,二维码支付、余额宝、VR 支付都是全球首创。

为了严格规范第三方支付,2017年1月13日下午,中国人民银行发布了一项支付领域的新规定《中国人民银行办公厅关于实施支付机构客户备付金集中存管有关事项的通知》,明确了第三方支付机构在交易过程中,产生的客户备付金,今后将统一交存至指定账户,由央行监管,支付机构不得挪用、占用客户备付金。

2018年3月,网联下发42号文督促第三方支付机构接入网联渠道,明确2018年6月30日前所有的第三方支付机构与银行的直连都将被切断,之后银行不会再单独直接为第三方支付机构提供代扣通道。

在我国,第三方支付发展历史只有不到20年的时间,但它给我们带来的变化却是颠覆性的。现在,无论你相信与否,每天的市场交易中,每10笔中就有8笔是通过第三方支付平台完成的。可以说,第三方支付已经融入我们生活的方方面面,并已演变为一种新式的消费习惯。

P2P金融：一机在手，借贷不愁

想必，很多人都对P2P并不陌生，但是对它的字面意思并不是很了解。P2P是英文peer to peer的缩写，翻译过来就是"个人对个人"，即"点对点"。

这样，P2P金融也就很好理解了：P2P金融是指，不同的网络节点之间的小额借贷交易。这种交易需要借助电子商务专业网络平台帮助借贷双方确立借贷关系，并完成相关交易手续。借款者可自行发布借款信息，包括金额、利息、还款方式和时间，自行决定借出金额实现自助式借款。

过去，在相当长一段时间内，我国小微企业的融资需求始终无法从银行等间接融资渠道中得到满足，这也为国内P2P金融平台发展提供了空间。只用了几年时间，中国P2P金融从无到有，并展现出强劲的发展后劲，甚至令国外机构直言要来"中国取经"。2015年前后，是P2P金融最火的时候，当时，全国P2P网贷成交额已突破万亿元。

P2P金融为什么如此之火？这主要得益于它的四大优势。

1. 投资理财门槛低

在传统的理财方式中，一般收益率较高的理财产品都要求几万元起步，相对而言，P2P理财基本没有什么门槛，每个人都可以理财。所以，这种理财方式更为大众和小微企业所青睐。

2. 回报率可观

通常，P2P金融平台的回报率要比传统理财的回报率要高出不少，例如，相同的投资期限，P2P平台给出的平均年化率甚至会高出银行两倍。

3. 方便快捷

P2P理财产品最大的优势就是方便，容易操作。只需要在手机上安装一个APP，就可以随时随地投资理财产品，查看投资现状，极大方便了投资人理财。与到银行或者证券所排队购买理财产品相比，P2P理财更省时省力，也能及时把控风险，了解理财行情。

4. 流动性较好

相对其他理财产品，P2P有着比较明显的流动性优势，一次投出，按月回款。对比银行定期存款要好很多，每月都有回款，而银行必须等到期限结束才有收益。

因为P2P理财具有如上优势，所以，P2P曾风靡一时。于是有人提出：高回报对应着高风险，P2P理财真的安全吗？

在过去几年中，P2P金融行业内确实存在一些广告打得很响，实力却不济或纯属欺诈的P2P投资平台，而且有些平台倒闭了，这也导致很多投资者遭受经济损失，所以人们不再相信P2P投资平台，但是随着监管政策的落地推动，P2P投资正在不断趋于合理化和正规化。

就P2P目前的行业形势来开，也不乏一些资质和实力优质的平台产生，它们不仅能够让投资者实现收益，而且信誉也很好，所以做P2P投资也不能一概而论，关键还是取决于投资者所选择的P2P投资平台是否安全。

投资P2P理财产品，最重要的一点，就是做好对风险的把握。那么如何知道一个P2P投资平台是否安全呢？可以从以下几个方面来判断：

（1）平台资金是否由第三方托管或者有银行托管。

（2）业务范围是否明确，项目是否假大空，要仔细了解平台披露的信息，了解得越详细越好。

（3）看其是否有完善专业的风控体系团队。

（4）看收益是否合理。如果收益率高得离谱，那就要小心了，进行P2P理财，不可以太贪心，正常的收益率都在8%～12%，千万不要被高息冲昏了头。

（5）看用户的满意度和平台的服务，如果有条件的话可以到平台进行实地考察。

如今，P2P金融在国内发展初具雏形，但并无明确的立法，国内小额信贷主要由"中国小额信贷联盟"主持工作。随着网络的发展，社会的进步，P2P金融服务的正规性与合法性将会逐步加强，并在有效的监管下发挥网络技术优势，从而实现普惠金融的理想。

互联网众筹：爱就供养，不爱就观望

在2011年前后，"众筹"是一个很流行的词，这一年，"众筹"正式从美国进入国内，经过这几年的发展，它越来越频繁地出现在我们的日常生活与工作中。其中也不乏成功的案例。

2013年，自媒体人罗振宇将众筹模式引入内容生产和社群运营方面，结果大获成功。《逻辑思维》先后发布了两次"史上最无理"的付费会员制：普通会员，会费200元；铁杆会员，会费1200元。买会员不保证任何权益，却筹集到了近千万元会费。爱就供养，不爱就观望，大家愿意众筹养活一个自己喜欢的自媒体节目。

其中，《逻辑思维》的选题，由专业的内容运营团队和热心的粉丝一起确定，用的是"知识众筹"，罗振宇曾说，自己读书再多，积累也是有限的，需要找来自不同领域的牛人一起玩。他给参与者起了一个名字，叫"知识助理"。其中，有一个粉丝对历史有一定的研究，罗振宇在视频中屡次提及他，也着实让这位粉丝火了一把。以前，罗振宇是央视制片人，离开电视台后，做了自媒体。靠粉丝为他众筹来养活自己，并且过得非常不错。可以说，他曾用众筹模式改变了媒体形态。

2015年，被称为"众筹元年"，与此同时，各种类型的众筹平台相继出现在我们的视野中，涵盖各行各业，项目繁多，让人看得眼花缭乱。

那么什么是众筹呢？

众筹，又称"群众募资""大众筹资"，译自英文Crowdfunding，顾名思义，指一群人为某个项目、某个人或者某个公司募资，以资助其正当的生产经营、创作、创新甚至生活活动。这一概念来自众包（Crowdsourcing），后者指个人或企业突破雇员与供应商的界限，从大量人群中征集服务、观念、技术或人力。

众筹征集的是资金，本质是面向资金的"众包"。二者具有同样的特征：基于网络、面向非特定人群、公开、广泛。

众筹项目通过互联网网站公开展示，每一个浏览该网站的人，均可根据自己的经济实力、兴趣爱好、专业特长、生活需求对这些项目进行赞助、支持和投资。即使一个人的投资额非常小，若有大量的用户参与，汇集起来的资金也是非常可观的。

众筹模式消除了传统融资的中间环节，无疑将提高融资效率，降低交易成本，具有内在的经济价值。但如果仅从经济层面考虑众筹模式的价值，无疑买椟还珠。

在众筹模式中，以筹资人向投资者提供的回报类型为基准，可以将众筹划分为商品众筹、股权众筹和债权众筹。

1. 商品众筹

商品众筹鼓励了个人和小型创业团队的创意和创新行为。这些创意或创新经常充满失败风险，很难利用传统融资渠道，在熟人圈子中获得充足的启动资金。众筹平台汇集了一批支持创新、鼓励创意的人群，普遍具备宽容、乐观、慈善精神，其投资兼具商品预购与资助、捐助性质，目的在于帮助普通人实现梦想，大幅降低了创业团队的心理与经济压力。

2. 股权众筹

股权众筹可促进初创型企业的发展,帮助解决小微企业普遍存在的融资难题。而作为普通个人投资者,传统上被排除于企业投资之外,难以支持初创企业,也无法分享初创企业的成长收益,股权众筹同时解决了资金供需双方的问题,当然由此引起的风险也值得关注。

在股权众筹方面,一个比较成功的案例就是《西游记之大圣归来》产生的票房奇迹。2015年7月10日,《西游记之大圣归来》正式上映,结果62天狂揽近10亿元票房。在电影结束之后,片尾滚动的字幕中出现了100余位投资者的名字,这也成为人们津津乐道的话题。该部影片的众筹合计投入780万元,但是这个票房是谁也没有想过的。

3. 债权众筹

债权众筹的受益对象一般为个人或小微企业主,这些人从传统金融渠道很难融到资,借由众筹平台形成的融资通路,他们终于可以享受正当的金融权利,由此改善生产经营、解决燃眉之急,并逐渐积累信用。

所以,互联网众筹模式既提高了普通主体参与创新、金融的广度,体现出强烈的普惠价值,又提高了参与深度,促进投融资双方形成平等、自由、协作的契约精神。

大数据金融：马云凭什么让银行难受

大数据金融是指，集合海量非结构化数据，通过对其进行实时分析，可以为互联网金融机构提供客户全方位信息，通过分析和挖掘客户的交易和消费信息掌握客户的消费习惯，并准确预测客户行为，使金融机构和金融服务平台在营销和风险控制方面有的放矢。

基于大数据的金融服务平台主要指拥有海量数据的电子商务企业开展的金融服务。大数据的关键是从大量数据中快速获取有价值的信息的能力。所以，大数据的信息处理往往离不开云计算。

如今，国内大数据服务平台的运营模式主要有两种，一种是以阿里小额信贷为代表的平台模式，另一种是以京东、苏宁为代表的供应链金融模式。

大家都知道，传统银行为了开展业务，需要养活一支庞大的信贷员队伍。特别是一些国有大型银行，员工数都超过10万人！而马云的网商银行全国的员工数也只有几百人。是因为公司穷养不起员工吗？

当然不是，网商银行是一家数据化的银行，它依靠大数据来获取客户，做风险甄别：依托大数据的分析来给用户画像，直到比你自己都了解你自己。你什么时候需要借钱，有没有还款能力，依托大数据和建立的风险模型都可以实时甚至提前做出判断。网商银行技术来源于蚂蚁小贷，而后者的不良率很好地控制在1.5%

以下。

网商银行员工数虽然只有几百人,但在这些人中,2/3为数据专家,而传统银行中的信贷员在这里的数量却为零。这说明,在网商银行中没有人去找客户,也没有人专门从事放贷款。与之配套,网商银行没有物理网点,没有现金业务,有的只是APP和一套网络系统。

流程的差别也导致单笔贷款的成本相差巨大,网商银行每发放一笔贷款的成本不到两元,传统的线下贷款单笔成本少则上百元,多则几千元,甚至上万元。

与线下贷款相比,网络贷款3分钟就可以完成:先在电脑上填写并提交贷款申请,几秒钟之内贷款发放到你的账户,整个过程中没有人工干预。以单账户成本为例,国内大银行一个账户一年的IT成本大概在50元上下,小银行则在80～100元,而网商银行这一成本则在1元以下。

IT系统成本高,从银行日常的支付业务来看,每笔业务的成本在几角钱,但是跑在云上的网商银行只需要不到两分钱。技术优势导致成本低,而这是大力拓展普惠金融业务的基础。

什么叫跑在云上?简单来说就是,阿里云建造了一个非常棒的地基,将底层技术很多问题都解决了。金融云是在这个地基上引入了很多的金融模型,如客户模型、产品模型、账务模型等,同时金融云关注金融本身的严谨性、周密性和安全性。然后不断丰富银行对外的服务。

假如将银行IT系统购置的大型服务器看作一头拉车的大牛,那么云计算则是将数量众多的小牛串在一起拉车。大牛有劲儿,价格也高,但灵活性差,只要负载的重量稍稍超过大牛的极限能力,就需要再买一头大牛。而用小牛拉车就不存在这个问题。

在这方面，由于许多科技公司与系统提供商都没有成熟的技术方案，所以网上银行需要打造一套真正意义上的国产自主银行系统。这也意味着采用传统的IT方案将被摒弃，需要另辟蹊径，以更开放、互联网的思路去围绕用户作为。这便为大数据应用于金融提供了绝佳的机会。

虽然大数据金融有许多优势，但也存在一些弊端。

首先，对个人信息的大量获取，会导致隐私泄露与安全问题。

你也许并不知道，当你在不同的网站上注册了个人信息后，可能这些信息已经被扩散出去了，当你莫名其妙地接到各种邮件、电话、短信的滋扰时，你不会想到自己的电话号码、邮箱、生日、购买记录、收入水平、家庭住址、亲朋好友等私人信息早已被各种商业机构非法存储或贱卖给其他任何有需要的企业或个人了。

更可怕的是，这些信息你永远无法删除，它们永远存在于互联网的某些你不知道的角落。除非你更换掉自己的所有信息，但是这个代价太大了。

其次，大数据技术并不能够替代人类的判断和逻辑思考。

大数据是人类设计的产物，它的工具并无法让人们摆脱曲解、隔阂和成见。例如，社交媒体是大数据分析的重要信息源，但其中年轻人的比例偏多，还存在大量由程序控制的"机器人"账号或"半机器人"账号。再如，"谷歌流感趋势"曾高估了2012年流感发病率。这说明依赖有缺陷的大数据可能给政府决策造成负面影响，还可能加剧社会不公。

最后，基于大数据开发的金融产品和交易工具对金融监管提出挑战。

大数据的使用正在改变金融市场，也在改变监管市场的方式，以保证市场参与者负责地使用大数据。比如，2010年5月的"闪电暴跌"令道琼斯工业平均指数突然下跌，美国监管部门认为是高频交易造成了快速抛售引发的更多抛售。大数据中的一个数据点出错就能导致"无厘头暴跌"。

因此监管机构应限制大数据技术的使用，或是对其使用进行直接干预，应鼓励业界对更复杂的技术乃至更大数据的利用。

第五章

金融理财——钱找人胜过人找钱

"股神"巴菲特说:"一生能够积累财富,不取决于你能够赚多少钱,而取决于你如何投资理财,钱找人胜过人找钱,要懂得钱为你工作,而不是你为钱工作。"当今金融业非常发达,投资理财的产品十分丰富,不仅有股票、基金,还有房产、稀有资源、字画等,这些都是投资理财的好渠道。

购买黄金：抗通胀的不二选择

黄金是贵重的稀有金属，因为其性质独特，一直被当作硬通货，并被视为物质财富的象征，所以，不管国家还是个人，都习惯把投资黄金当作储藏财富的重要手段。

黄金作为货币的历史非常悠久，出土的古罗马亚历山大金币距今已有2300多年历史，波斯金币已有2500多年历史。中国现存最早的金币是春秋战国时期楚国铸造的"郢爰"，距今也已有2300多年的历史。但是这些金币只是在一定范围、区域内流通使用的辅币。

黄金成为一种世界公认的国际性货币是在19世纪出现的"金本位"时期。"金本位制"即黄金可以作为国内支付手段，用于流通结算；也可以作为外贸结算的国际硬通货。虽然早在1717年英国首先施行了金本位制，但直到1816年才正式在制度上给予确定。之后德国、瑞典、挪威、荷兰、美国、法国等国先后宣布施行金本位制。金本位制是黄金货币属性表现的高峰。世界各国实行金本位制长者二百余年，短者数十年，而中国一直没有施行过金本位制。之后由于第二次世界大战的爆发，各国纷纷进行黄金管制，金本位制难以维持。

第二次世界大战结束前夕，在美国主导下，召开了布雷顿森林会议。在会议上通过了相关决议，决定建立以美元为中心的国际货币体系，但美元与黄金挂钩，美国承诺担负起以35美元兑换

1盎司黄金的国际义务。但是20世纪60年代相继发生了数次黄金抢购风潮，美国为了维护自身利益，先是放弃了黄金固定官价，后又宣布不再承担兑换黄金义务，因此布雷顿森林货币体系瓦解，于是开始了黄金非货币化改革。这一改革从20世纪70年代初开始，到1978年修改后的《国际货币基金协定》获得批准，可以说制度层面上的黄金非货币化进程已经完成。

虽然黄金现在不作为货币流通了，但黄金仍是可以被国际接受的继美元、欧元、英镑、日元之后的第五大国际结算货币。大经济学家凯恩斯揭示了货币黄金的秘密，他指出："黄金在我们的制度中具有重要的作用。它作为最后的卫兵和紧急需要时的储备金，还没有任何其他的东西可以取代它。"现在黄金可视为一种准货币。

黄金在作为货币退出了流通领域之后，仍然被认为是财富的象征并被人们所广泛储藏。但是又由于其稀少性，所以黄金投资作为一种古老而又新兴的投资方式继续在投资市场中发挥其独特的魅力。

每次，当世界局势发生动荡，或是经济不景气，货币贬值时，黄金便会成为人们想到的最好的投资方式。对于普通人来说，投资黄金是不是就是买金条？

不一定。

大多数人投资黄金的目的是让资产保值，以对抗通胀。也有一部分人是想通过低买高卖获利。如果想实现资产保值，那么实物黄金是比较好的投资方式。实物黄金在买卖过程中银行和中介机构会收取手续费。如果投资者持有时间较短、黄金价格上涨幅度不大，那么变现过程中容易出现亏损。

也有人认为，可以投资一些黄金饰品、金币等。事实上，黄金饰品更多的具有商品属性，金币则更适合收藏。从价格上看，黄金饰品的价格通常比同期的投资金价每克高几十元。一些工艺复杂的饰品还要收取一笔价格不菲的手工费。金币的价格如换算成克重，也要高出同期金价不少。而且，对所有的投资品而言，能否轻松买入、适时卖出是一个很重要的选择衡量标准。从这个意义上看，黄金首饰不适合作为投资品。金币虽然可以作为艺术投资品类，但风险依然较高。

如果想通过赚取差价获利，可以考虑购买各大银行推出的纸黄金。纸黄金又称为个人记账式黄金或黄金单证。个人购买的纸黄金价格紧跟国际黄金市场价格，可以通过把握黄金市场走向高抛低吸获利。但是投资纸黄金需要注意两点：一是金价在一段时间内波动较大时，如果不能准确判断就容易造成损失；二是纸黄金仅是一张黄金凭证，无法兑换实物黄金。

近些年来，一些互联网交易平台先后推出了自己的黄金产品。这些产品有的可以线上买金、线下提金，有的挂钩了基金公司的黄金ETF产品，给投资者带来更多选择。与此同时，多家银行也上线了"积存金""黄金定投"等投资产品，对接的基本上也是实物黄金或黄金ETF。个人如果想投资应尽量选择资质较好的平台，避免资金损失。对于一些线下的财富管理机构开展的黄金投资业务，首先要看机构本身是否具有黄金产品的投资资质，以及产品背后连接的投资标的，以防陷入庞氏骗局。

除此之外，也可以购买黄金期货和黄金现货延期交收产品，不过，这两类产品的杠杆率较高，虽然产品价格与黄金挂钩，其实已不算基础的黄金投资品。所以，不可盲目投资此类黄金产品。

如果是做长线投资，可以选择实物黄金，在短期和中期不论其价格如何变化,不要急于变现。而与黄金挂钩的各种金融衍生品则可以根据市场变化,采用定投、低买高卖等方式获利。

几千年以来,黄金一直散发着它的光芒,魅力,并以其独有的特性——不变质、易流通、保值、储值的功能作为人们资产保值的首选。特别是在股市、债市、房市乏力,通货膨胀率比较高的时候,投资黄金便是一种明智的选择。

投资基金:"雇"经理人帮你理财

基金,广义是指为了某种目的而设立的具有一定数量的资金。主要包括信托投资基金、公积金、保险基金、退休基金,各种基金会的基金。如果从会计角度看,基金是一个狭义的概念,意指具有特定目的和用途的资金。

我们这里所说的基金,是指证券市场上的基金,它具有收益性功能和增值潜能的特点。根据不同标准,可以将其划分为不同的种类。

1. 根据是否可以增加和赎回,分为开放式基金和封闭式基金

开放式基金比较灵活,规模不固定,随时可以申购和赎回。

封闭式基金有点刻板,必须要封闭一段时间,不仅规模固定,而且申购赎回时间也是固定的,中间是没法赎回的,这一点与定期存款类似。

2. 根据发行方式,分为公募基金和私募基金

公募基金的募集对象是社会公众,即不特定投资者,通过公开方式进行募集。公募基金对信息披露的要求非常严格。另外,它不提取业绩报酬,只收取管理费。

私募基金的募集对象为少数投资者,包括机构和个人,通过非公开发行方式募集。私募基金对信息披露的要求则很低,具有较强的保密性。私募基金则收取业绩报酬，通常不收管理费。

3.根据交易地点，分为场内基金和场外基金

场内是指股票市场，即通常所说的二级市场，有二级市场就有一级市场，一级市场是指发行市场。场外是指股票交易市场之外的市场，包括银行、证券公司的代销，基金公司的直销，这也是开放式基金的主要销售渠道。如封闭式基金、ETF基金只能在场内购买，即只能在股票市场购买。其他开放式基金可以在场外购买。

4.根据投资对象，分为股票基金、债券基金、混合基金、货币基金

股票基金：将绝大部分资金（投资比例占基金资产的80%以上）投在股票上的基金。

债券基金：将绝大部分资金（投资比例为总资金的80%以上）都投在债券上的基金。

混合基金：将一部分资金投在股票上而另一部分资金投在债券上的基金，通常投资比例是要调整的。

货币基金：全部资产都投资在各类短期货币市场上的基金。短期货币工具包括国债、央行票据、商业票据、银行定期存单、政府短期债券、同业存款等。

一般，基金管理公司通过发行基金单位，集中投资者的资金，由基金托管人（即具有资格的银行）托管，由基金管理人管理和运用资金，从事股票、债券等金融工具投资，然后共担投资风险、分享收益。不论是投资哪一类基金，都是一种间接的证券投资方式。

投资基金起源于英国。当英国经历工业革命之后，中产阶级积累了大量的财富，随着国力的增强，资金由英国流向美洲新大

陆与亚洲地区，但由于人们对海外投资市场不熟悉，所以投资风险非常高，经常发生钱财被骗的事情。

为了保障投资安全，投资人开始寻找值得信赖的人士，委托他们代为处理海外投资事宜，由此投资信托事业初具雏形，只是尚未有公司组织，仅是投资人与代理投资人之间的信托事业。直到1868年，在英国始有伦敦海外殖民政府信托的创立，当时其主要以国外殖民地的公债投资为主，是目前记载最早的证券投资信托公司的组织。

虽然投资基金起源于英国，却盛行于美国。第一次世界大战后，美国取代了英国成为世界经济的新霸主，一跃从资本输入国变为主要的资本输出国。随着美国经济运行的大幅增长，日益复杂化的经济活动使得一些投资者越来越难于判断经济动向。为了有效促进国外贸易和对外投资，美国开始引入投资信托基金制度。

1926年，波士顿的马萨诸塞金融服务公司设立了"马萨诸塞州投资信托公司"，其成为美国第一个具有现代面貌的共同基金。在此后的几年中，基金在美国经历了第一个辉煌时期。到20世纪20年代末期，所有的封闭式基金总资产已达28亿美元，开放型基金的总资产只有1.4亿美元，但后者无论在数量上还是在资产总值上的增长率都高于封闭型基金。20年代每年的资产总值都有20%以上的增长，1927年的增长率更超过100%。

到20世纪90年代初，美国股票市场新注入的资金中约有80%来自基金，1992年时这一比例达到96%。从1988年到1992年，美国股票总额中投资基金持有的比例由5%急剧上升到35%。到1993年，在纽约证券交易所，个人投资仅占股票市值的20%，而基金则占55%。截至1997年底，全球约有7.5万亿美元的基金资产，其中美国基金的资产规模约4万亿美元，已超过美国商业银行的储蓄存款总额。从1990年到1996年，投资基金增长速度为218%。在此期间，越来越多的拥有巨额资本的机构投资者，包括银行信托部、信托公司、保险公司、养老基金以及各种财团或基金会等，开始大量投资基金。目前，美国已成为世界上基金业最发达的国家。

有经验的投资人，在进行基金投资时会特别注意分散风险。投资学上有一句谚语："不要把你的鸡蛋放在同一个篮子里"，但是，中小投资者通常无力做到这一点。如果投资者把所有资金都投资于一家公司的股票，一旦这家公司破产，投资者便可能尽失其所有。

而证券投资基金通过汇集众多中小投资者的小额资金，形成雄厚的资金实力，可以同时把投资者的资金分散投资于各种股票，使某些股票跌价造成的损失用其他股票涨价的盈利来弥补，分散了投资风险。

期货交易：很难玩得转的金钱游戏

期货投资是一项你不真正参与时相对简单，而你一旦参与其中就相当复杂的金钱游戏。如果想一直生存下去、不断地获利，那就必须完全弄懂期货的本质，并真正掌握一套适合自己的正确的投资理念和投资方法，如此，金融市场才会成为你的提款机，否则便是吃钱的老虎机。

期货市场最早萌芽于欧洲。其早在古希腊和古罗马时期，就出现过带有期货贸易性质的交易活动。当时的罗马议会大厦广场、雅典的大交易市场就曾是这样的交易场所。

到12世纪，这种交易方式在英、法等国的发展规模逐渐扩大，专业化程度也很高。1251年，英国大宪章正式允许外国商人到英国参加季节性交易会。后来，在贸易中出现了对在途货物提前签署文件，列明商品品种、数量、价格，预交保证金购买，进而买卖文件合同的现象。

1571年，英国创建了实际意义上的第一家集中的商品市场——伦敦皇家交易所，后来在其原址上成立了伦敦国际金融期货期权交易所。其后，荷兰的阿姆斯特丹建立了第一家谷物交易所，比利时的安特卫普开设了咖啡交易所。1666年，伦敦皇家交易所毁于伦敦大火，但交易仍在当时伦敦城的几家咖啡馆中继续进行。17世纪前后，荷兰在期货交易的基础上发明了期权交易方式，在阿姆斯特丹交易中心形成了交易郁金香的期权市场。1726年，另一家商品交易所在法国巴黎诞生。

那么究竟什么是期货呢？在交易过程中，它又有哪些特点，交易者又是如何从中获利的呢？

期货，是指期货合约，它是一份。由期货交易所统一制定的、在将来某一特定时间和地点交割一定数量标的物的标准化合约。

期货交易，是以现货交易为基础，以远期合同交易为雏形而发展起来的一种高级的交易方式。它是指为转移市场价格波动风险，而对那些大批量均质商品所采取的，通过经纪人在商品交易所内，以公开竞价的形式进行期货合约的买卖形式。

为了便于了解期货交易中的一些术语，我们来举一个例子：

假如你预订了一款名牌手提包，商家通知你到货了，你到店里把钱付了，然后把它买回来，这叫作实物交割。如果你到店后，发现店里的现货比你预定价格涨了不少，你决定将你预定的货卖给同行，自己只赚个差价，这叫现金交割。

本来你打算花1000元买下手提包，然后以1100元卖掉，赚100元，结果你只花50元预定后，然后直接卖给同行赚差价100元，这就是杠杆交易。

你购买一款手表时，销售让你先交1000元定金，看是否可以定到，这个定金在交易中叫作保证金，结果手表定到了，销售让你按照手表售价的30%交定金，这在交易中叫作增补按金。

期货是相对于现货的一个概念。从严格意义上来说期货并非是商品，而是一种标准化的商品合约，在合约中规定双方于未来某一天就某种特定商品或金融资产按合约内容进行交易。

通常，期货交易具有以下特点：

1. 合约标准化

期货合约除价格随市场行市波动外,其余所有条款都是事先规定好的。

2. 双向交易和对冲机制

与证券交易不同,期货交易不仅可以先买后卖,同样允许交易者先卖后买。这使得投资者无论在牛市或熊市中均有获利机会。对冲平仓则是指交易者在期货合约到期前,进行与前期操作反向的交易来了结。

3. 交易集中化

期货交易必须在期货交易所内集中进行。交易所实行会员制,只有会员才能进场交易。处于场外的广大投资者只能委托经纪公司参与期货交易。

4. 保证金制度

在进行期货交易时,只需缴纳少量保证金,一般为合约价值的5%~10%,就能完成整个交易。这使得期货交易可以以小搏大,对于进取型投资者来说,增加了盈利的机会;而对于稳健型投资者来说,只要安排好持仓比例,就可以灵活控制风险。

5. t+0交易模式

当日开仓的合约,当日就能平仓,操作较灵活。

正是由于期货交易具有上述特点,从事期货交易对于生产商、加工商、进出口商、中间商等现货商而言,即可通过经纪公司的中介与交易所签订一份已标准化了的到期买货或卖货的远期合约。交易所及经纪公司为确保履约,要求买卖双方都须预先缴纳一定的保证金,并在商品价格向不利方向变动时,也能确保履约。

在了解了期货交易的特点后，再来看看如何进行期货买卖，并从中获利。例如，量子基金创始人罗杰斯，他在期货市场中的操作就很有代表性：1973年，埃及和以色列爆发战争，当埃及和叙利亚的部队大举进攻时，以色列数千人伤亡，坦克、飞机损失惨重，以色列震惊地发现自己虽然拥有较佳的飞机与飞行员，但是，埃及空军却具有不寻常的优势。

罗杰斯发现其中的原因是苏联供给埃及的电子设备，是当时美国无法供给以色列的。因为越战时期美国的国防工作集中在每天的补给，因此，忽视了长期的科技发展。一旦美国国防部意识到这一点，大规模的投入将势不可挡。1974年，美国生产飞机和军用设备的洛克航空公司的利润大幅下降，市场纷纷传言其即将破产，期间公司的股票价格降至破产的价位：2美元。

冷静的罗杰斯从国际竞争格局中看到，美国、苏联两大国的军事技术的较量必将愈演愈烈，美国政府必定会将注意力集中放在生产优良的军用装备上。因此，洛克公司将会得到美国政府政策性的大力扶助。基于这种预见，他大量购入洛克公司的股票，不久后，洛克公司股票突然从寂静中暴发，股价从2美元上涨到120美元。还有E系统公司，E系统公司当时还默默无闻，但是罗杰斯通过咨询洛克希德，以及翻阅期刊和请教军事专家，了解到这家公司是他们的主要竞争对手，于是他大量买入E系统公司的股票，之后股价从0.5美元涨到45美元，罗杰斯从中获利甚丰。

现实中，不论是什么商品，价格都会频繁波动，这也给投机者提供了许多低买高卖或高抛低买，利用价差而牟利的机会。简单来说，期货投资就是通过低买高卖、高抛低买来获利。所以，相较于股市，它的投资机会更多，投机性也更强。

购买股票：落袋为安才算是赢

巴菲特的一位好搭档芒格曾经说过："人们都以为具备常识很简单，其实很难。"许多人觉得股票投资是一件极其简单的事，瞅准了，一买一卖，躺着也可以赚大钱。其实，在股市上，大多数人都是亏钱的。那么，股市为什么会令人们产生可以轻易获取盈利的错觉呢？

这是因为，绝大多数投资者并未真正地了解这个市场，甚至对于一些股票投资的基本常识都还没弄清楚的情况下，就一股脑地闯进了市场。

股票至今已有400多年的历史。股票最早出现于资本主义国家。在17世纪初，随着资本主义大工业的发展，企业生产经营规模不断扩大，由此而产生的资本短缺、资本不足便成为制约资本主义企业经营和发展的重要因素之一。为了筹集更多的资本，于是出现了以股份公司形态，由股东共同出资经营的企业组织，进而又将筹集资本的范围扩展至社会，产生了以股票这种表示投资者投资入股，并按出资额的大小享受一定的权益和承担一定的责任的有价凭证，并向社会公开发行，以吸收和集中分散在社会上的资金。

世界上最早的股份有限公司诞生于1602年，即在荷兰成立的东印度公司。股份有限公司这种企业组织形态出现以后，很快被资本主义国家广泛利用，成为资本主义国家企业组织的重要形式之一。伴随着股份公司的诞生和发展，以股票形式集资入股的方式也得到发展，并且产生了买卖交易转让股票的需求。这样，就带动了股票市场的出现和形成，并促使股票市场完善和发展。

据文献记载，早在1611年就曾有一些商人在荷兰的阿姆斯特丹进行荷兰东印度公司的股票买卖交易，形成了世界上第一个股票市场，即股票交易所。目前，股份有限公司已经成为资本主义国家最基本的企业组织形式；股票已经成为资本主义国家筹资的重要渠道和方式，亦是投资者投资的基本选择方式；而股票的发行和市场交易亦已成为资本主义国家证券市场的基本经营内容，以及证券市场不可缺少的重要组成部分。

而我们这里所提及的股票是一种有价证券，是股份有限公司在筹集资本时向出资人公开发行的、用以证明出资人的股本身份和权利，并根据股票持有人所持有的股份数享有权益和承担义务的可转让的书面凭证。股票代表其持有人（即股东）对股份公司的所有权，每一股股票所代表的公司所有权是相等的，即我们通常所说的"同股同权"。股票是可以获得收益的，其一是股份公司经营所得的红利分红，其二就是转让股票所带来的差价。股票所具有的流动性——股票的转让才是其成为备受关注的投资方式的原因之一。

股票在市场上买卖可以简单地分为一级市场和二级市场。一级市场也称为发行市场，它是指公司直接或通过中介机构向投资者出售新发行的股票。所谓新发行的股票包括初次发行和再发行的股票，前者是公司第一次向投资者出售的原始股，后者是在原始股的基础上增加新的份额。二级市场也称交易市场，是投资者之间买卖已发行股票的场所。这一市场为股票创造流动性，即能够迅速脱手换取现值。我们的股票投资大多发生在这个二级市场。

股票是有价格的,有了价格之后就可以在市场上买卖了。股票价格又叫股票行市,是指股票在证券市场上买卖的价格。股票市价表现为开盘价、收盘价、最高价、最低价等形式。

许多人都说,股票是风险较高的一类资产。确实,与债券相比,股票的风险相对较高。但是长期来看,股票却是相对安全的资产类别。即便在泡沫的最高点入市,只要熬得住,时间大概率会给你带来真实回报。这种例子在A股市场上也不少见。经历了2015年"股灾"、2016年"熔断"和2018年单边下跌的"熊市",股价创出新高的上市公司也还是有的。

可见,有价值的东西永远不会贬值,投资股市,一定要注重价值投资。说到价值投资,大家都会想到巴菲特,并把他的投资理念奉为圭臬。

在2018财年伯克希尔致股东信中,巴菲特写下了一组很生动的数据。在77年前,巴菲特用积攒下来的114.75美元买了人生中第一只股票。而如果在那个时候,用114.75美元买进标普500指数基金,并且将其全部股利都用来再投资,到2019年1月31日,持仓价值也将达到惊人的606811美元。

在伯克希尔—哈撒韦公司2019年股东大会上,巴菲特公开表示,1919年,可口可乐公司上市时,每股价格为40美元左右。一年后,股价降了50%,只有19美元。然后出现了瓶装问题,又遇糖料涨价等。一些年后,又发生了大萧条、第二次世界大战、核武器竞赛等,总是有这样或那样不利的事件发生。但是,如果你在一开始用40美元买了一股,然后你把派发的红利继续投资于它,那么现在,当初40美元可口可乐公司的股票,已经变成了500万。

正如他所说:"当我考虑买入一只股票的时候,我会考虑整个公司的状况来决定是否买入。就像沿着街边逛商场,看遍整个商场的产品之后才会决定要不要买。"巴菲特的意思是说，对于某只股票的投资，一定要从整个公司的发展状况来研究，通过基本面研究来获得好的投资机会。

　　不管是投资什么，基金也好，黄金也罢，在投资时一定要清楚投资的本质到底是什么。在投资股市时，只有了解价值规律，把握行业的发展情况、政策走向，清楚企业的盈利能力，才不会在汹涌的股浪中翻船。

购买国债：老年投资者的最爱

国债，顾名思义，就是国家发行的债券，又称国家公债，是国家以其信用为担保，按照债的一般原则，通过向社会筹集资金所形成的债权债务关系。

国债是由国家发行的债券，是中央政府为筹集财政资金而发行的一种政府债券，是中央政府向投资者出具的、承诺在一定时期支付利息和到期偿还本金的债权债务凭证。由于国债的发行主体是国家，具有最高的信用度，故被认为是最安全的投资工具。

有人经常会问，国家为什么要发债券？

政府发行国债的目的，往往是弥补国家财政赤字，或者为一些耗资巨大的建设项目以及某些特殊经济政策乃至为战争筹措资金。由于国债以中央政府的税收作为还本付息的保证，因此其风险小，流动性强，利率也较其他债券低一些。

那么国债有哪些种类呢？

国债在理论上可分为定期国债和不定期国债两大类，后者在当今世界基本上已经绝迹。定期国债按照发行期限的长短可分为短期国债、中期国债和长期国债。短期国债又名国库券，指的是发行期限在一年之内的品种；通常最短为90天，还有6个月、9个月和12个月期限的，常规发行多数为半年期以内的。

从债券形式来看，我国发行的国债可分为凭证式国债、无记名（实物）式国债和记账式国债3种。

1. 凭证式国债

凭证式国债是指国家采取不印刷实物券，而用填制"国库券收款凭证"的方式发行的国债。我国从1994年开始发行凭证式国债。凭证式国债其票面形式类似于银行定期存单，利率通常比同期银行存款利率高，具有类似储蓄又优于储蓄的特点，其通常称为"储蓄式国债"，是以储蓄为目的的个人投资者理想的投资方式。

凭证式国债可以记名、可以挂失，但不能上市流通，可以到原购买网点提前兑取。提前兑取时，除偿还本金外，利息按实际持有天数及相应的利率档次计付。对于提前兑取的凭证式国债，经办网点还可以二次卖出。与储蓄相比，凭证式国债的主要特点是安全、方便、收益适中。由于凭证式国债不能上市，提前兑取时的价格（本金和利息）不随市场利率的变动而变动，因此可以避免市场价格风险。尤其对于一些投资债券的新人来说，他们更倾向于购买凭证式国债。

2. 无记名式国债

无记名式国债是指一种票面上不记载债权人姓名或单位名称的债券，其通常以实物券形式出现，又称实物券或国库券。无论各式国债在我国发行的时间最早，20世纪50年代发行的国债和从1981年起发行的国债主要是无记名式国债。无记名式国债具有不记名、不挂失，可以上市流通的特点。虽然其安全性较低，但是购买手续简便。由于其流动性很强，因此具有获取较大利润的机会，同时也伴随着一定的风险。

3. 记账式国债

记账式国债又称无纸化国债，它是指将投资者持有的国债登记于证券账户中，投资者仅取得收据或对账单以证实其所有权的一种国债。记账式国债的券面特点是国债无纸化，投资者购买时并没有得到纸券或凭证，而是在其债券账户上记上一笔。记账式国债可以记名、挂失，可上市转让，流通性好，上市后价格随行就市，有获取较大收益的可能，但同时也伴随有一定的风险。

近年来，随着人们个人资产组合"篮子"的不断膨胀，国债逐渐在人们的投资取向中占据一席之地，这不仅是由于国债安全性好，更是因为持续低迷的银行存款收益率，让许多人都加入购买国债的行列。投资者不仅能从国债中获得较理想的收益率，而且所得收益无须缴纳利息税。所以，国债的销售一直很火爆。一般，购买国债的主力军是中老年人，他们投资理财追求的一个字就是"稳"。

国债属于信用等级最高的国家信用，通常没有什么风险。但也有例外情况，例如2010年希腊爆发的债务危机，希腊政府不能按期支付利息及偿付本金，也就是出现了违约。于是，希腊国债的投资者蒙受了损失，德法两国为了保住希腊留在欧元区，不得不力主以债务减论的方式缓和矛盾。

在多数国家，国债的卖家是中央政府，一般对应着财政部；买家是市场人士，包括各类金融机构。国债交易存在两个市场：发行市场和二手交易市场，也叫一级市场和二级市场。前者是不定期的，财政部发行时才交易；后者是为了方便持有人权益流通，而总是存在的。

国债交易存在3个要素的变化：国债价格、国债利率和国债收益率。

国债价格指的是首次发行的承销价或者二级市场的成交价。国债利率一般指的是政府承诺的付息水平。国债收益率指的是购买国债的所得收益与投资金额的比率，通常都采用年化处理的概念。由于二级市场上的国债价格总是在变化的，故收益率也是动态变化的。国债的收益率总是和国债价格呈负相关关系：价格越高，收益越低；国债越便宜，意味着收益可能越高。

投资收藏品：最不值钱的就是"同款"

奈斯比特和阿伯丹曾预言："21世纪，收藏品投资将取代证券投资和房地产投资，成为人类主要的投资方式。"虽然到目前为止，他们的预言尚未得到充分证实，但是我们已经看到，收藏品正在成为一个投资热点。

一直以来，中国都有"盛世收藏，乱世黄金"的说法，中国人对收藏品的偏爱也从未间断过。在中国历史上，曾出现过三次收藏热，分别是北宋末年、康乾盛世、清末民初。中国历史上每一次全国性的"收藏热"，无不是伴随着太平盛世而来。

如果说过去的人热爱收藏，是出于一种对文化的继承与对主流物质生活的追求，那么当今人们热衷于收藏，多半是出于投资。说到这里，我们不得不了解"收藏投资学"。

收藏投资学是什么？收藏投资学就是将收藏品按照投资的价值规律进行分类和投资，在保证收藏的人文、历史、自然价值的同时，获取相应投资回报的一种行为。

收藏投资主要有三大板块：大众收藏投资、个性化收藏投资与产业化收藏投资，其主要针对的收藏投资品种是人民币、邮票、贵金属、陶瓷、字画、古籍、观赏石等品类。

从某种意义上讲，收藏者的投资对象实际上是收藏品的未来。换句话说，收藏者投资成败的关键，在很大程度上取决于这些收藏品所具有的潜在吸引力。所谓潜在吸引力，是指收藏品在未来所能够获得的吸引力的大小。这个投资策略的关键，是寻找并且购买那些有可能在将来获得足够吸引力的收藏品。

基于以上投资理念，收藏者在选收藏品的时候，要注意以下两点：

1. 将视线延长

要购买那些能够在不久的将来获得足够吸引力的收藏品。例如，2005年5月，在北京海王村拍卖公司主办的拍卖会上，抗战题材的期刊异常火爆。无论是竞买者的人数，还是最终成交的价格总额，较之以往拍卖会都有大幅增长。再如，邹韬奋主编的《抗战》杂志（共56册）和日文版的《满洲事变号外及画报》（3册）就分别以11000元和5500元的价格成交。

2. 考虑经济与文化价值

对收藏品的选择应该从它的文化价值和经济价值两方面入手，首先要考虑的就是它的文化价值，其包括藏品的历史性、知识性、工艺性、是否限量等方面。在一件奥运收藏品上，融入的文化元素越多收藏价值越大，它的知识性体现得越多、可读元素越多，收藏价值越大。在具有了一定的文化价值之后，收藏者还需要看收藏品的经济价值，这主要体现在它的可增值性上。

对于经济价值的判断需要看这个收藏品是不是具有一定的市场，也就是说收藏品买回家以后，能不能再出手。在具有同样的文化价值的时候，如果一件收藏品出手难，它的经济价值难以体现，那么收藏价值相对就要低。但是有些收藏品在国内市场不太好，可是在国际市场却很火热，那么并不是说它就没有收藏价值，因此经济价值何时体现、体现在什么地方也是收藏者需要考虑的问题。

俗话说"盛世收藏，乱世黄金"，如今不少人将收藏品作为一种投资方式。而一些老年人以高价购买的收藏品，在网上商城或者文玩市场就可以找到"同款"，价格可能仅仅几百元甚至几十元。所以在购买"收藏品"时，一定要理性。

如今，收藏热潮的涌起和藏品的天价炒作，吸引越来越多的人关注或投身其中。但是，必须意识到收藏品投资还是存在相当大的风险。特别是近年来，收藏品诈骗事件频现，被骗者有的生大病住进ICU，有的妻离子散。为了防止被骗，在投资收藏品时，切不可盲目，一定要考虑风险。

首先是真赝品的风险。艺术品的假冒仿造由来已久，当今的假冒手段更是专业化、规模化和科技化，鉴别十分困难，许多收藏者不慎"中招"是常有的事情。当对艺术品真伪拿不准时，虽然可能会错失时机，但还是建议宁可放弃为佳。

其次是变现难的风险。艺术品虽然富有价值，但交易分散，信息分散，不像股票债券那么容易变现。当你急需资金而想将藏品出手时，未必一时之间就能有买家接手，因为你所欣赏的艺术品未必别人也同样欣赏。即使有买家愿意购买，但如果知道你急需变现资金时常常就会压低价格。

最后是保管的风险。收藏品是实物类型的，实物的磨损就是价值的削减，确保收藏品的妥善保管是十分重要的。收藏者要谨防破损、污渍、受潮、发霉、生锈，也不能随意加工，否则收藏品价值可能会大跌，甚至一文不值。此外，在鉴赏、摆放、运输过程中，也需要格外小心。

所以，不要天真地认为，越老的物件越值钱，投资收藏品稳赚不赔。要知道，任何投资都是有风险的，只有理性的收藏，才是永久的收藏。

第六章

资本运作——实现钱生钱的梦想

资本运作就是利用市场法则,通过资本本身的技巧性运作或资本的科学运动,实现价值增值、效益增长的一种经营方式。通俗地讲就是利用资本市场,以小博大、以无生有,实现钱生钱的梦想。

资本运作：抢红包背后的逻辑

大家都在微信中抢过红包，但是很少有人会想到其中暗含的经济学。这里，先讲一个故事：

有一天，一个银行家的儿子好奇地问他爸爸，他是怎么赚到这么多钱的？

银行家放下手上的事情，微笑地让他的儿子把冰箱的肉拿过来。

儿子拿过来了，银行家让他再放回冰箱。

儿子把肉放回冰箱后，莫名其妙地站在那里，不知所以。

在等待了很久后，儿子终于鼓起勇气，问他爸爸搬猪肉和这个问题有什么关系？

银行家盯着儿子看了一会儿，终于笑眯眯地说道："猪肉原来在冰箱，现在还在冰箱，但是你的手上是不是多了什么东西？"

儿子看着手上的猪油……

猪肉原来在哪儿，现在还在哪儿，还是那块猪肉，但是儿子的手上却多了很多猪油。

回到开头谈及的抢红包的话题，比如过年的时候，有30%的微信用户参与抢红包活动，每人发100元，就可以形成近60亿元的资金流动。假如民间借贷月息为2%，即每天收益率约为万分之七，那么延期一天支付的话，每天沉淀资金的保守收益为420万元；如果30%的用户没有选择领取现金，那么其账户可以产生18亿元的现金沉淀,这些资金也不会产生利息。

如此看来,虽然抢的是红包,实则暗含了资本运作的逻辑。那么什么是资本运作呢?

资本运作是指利用市场法则,通过资本本身的技巧性运作或资本的科学运动,实现价值增值、效益增长的一种经营方式。简言之就是利用资本市场,以小变大、以无生有的诀窍和手段,通过买卖企业和资产而赚钱的经营活动。

资本的一个重要功能,就是通过流动和运作,让钱能生钱。特别在商场上,真正的高手能够通过资本运作盘活资源,实现价值的提升,放大自己的商业机会。

有一个商人,几年前去了香港,发了财。后来回国投资失败,变得几乎一无所有,甚至欠了一屁股债,于是他想到了资本运作。

他先在维京群岛注册一家传媒公司,并以公司名义与各地方电视台签订了一揽子协议。协议规定,公司将免费为各电视台提供一定时段的节目,回报是给公司每天几分钟广告时间。

接着,他又找到某节目制作公司,承诺向该公司进行投资,回报是制作公司必须每年提供若干小时的节目。

所有这些都搞定后,他向一家股票已成仙的香港上市公司(香港将每股低于1港元的股票叫"仙股")老板说,自己手中掌握着大量的广告时段经营权,这足以使他每年获得几亿元的广告收益。老板听后,决定以现金加股票的形式收购其公司30%的股权,这一举动让他成为上市公司第二大股东,他将所获现金拿出一部分投资制作公司,以兑现诺言。如此这般运作一番后,公司的股价大涨,只用了两年时间,这位商人又变成了有钱人。

在这个案例中,纵观当事各方:电视台有广告时段,没节目制作能力;制作方有节目制作能力,没有资金;上市公司有资金却又没有项目。而这位商人什么都没有。但不得不说他有脑子，是一位资本运作高手，他通过整合资源，让各方各取所需，结果盘活了局面。

一般，企业可以通过发行股票、发行债券、配股、增发新股、转让股权、派送红股、转增股本、股权回购，以及合并、托管、收购、兼并、分立和风险投资等，来进行资产重组，以实现资本结构或债务结构的改善，为实现资本运营的根本目标奠定基础。

通常，资本运作具有如下三大特征：

1. 资本运作的流动性

流动的资本不但能够带来价值，配置资源，还能影响、改变一些生产或经济关系。

一个小镇来了一位旅客，他进了一家旅馆，拿出一张1000元钞票放在柜台，说想先看看房间，挑一间合适的过夜。

就在此人上楼的时候，店主拿起这张1000元钞票，跑到隔壁屠户那里支付了他欠的肉钱。

屠夫有了1000元，过马路付清了猪农的猪本钱。猪农拿了1000元，出去付了他欠的饲料款。那个卖饲料的老兄，拿到1000元赶忙去付清他欠的酒钱。有了1000元，卖酒的冲到旅馆付了他所欠的房钱。

此时那位旅客正下楼来，拿起1000元，声称没一间满意的，他把钱收进口袋，走了……

这一天，没有谁干活，也没有生产了任何东西，也没有人得到什么，但镇上所有人的问题都得到了完美的解决。

2.资本运作的增值性

实现资本增值，是资本运作的本质要求，也是资本的内在特征。资本的流动与重组的目的是实现资本增值的最大化。企业的资本运作，是资本参与企业再生产过程并不断变换其形式，参与产品价值形成运动。在这种运动中使劳动者的活劳动与生产资料物化劳动相结合，资本作为活劳动的吸收器，以实现资本的增值。

3.资本运作的不确定性

在资本运作活动中，风险的不确定性与利益并存。任何投资活动都是某种风险的资本投入，不存在无风险的投资和收益。这就要求经营者要力争在进行资本运作决策时，必须同时考虑资本的增值和存在的风险，应该从企业的长远发展着想，企业经营者要尽量分散资本的经营风险，把资本分散出去，同时吸收其他资本参股。

当然，资本运作不完全是资金运作，如果用公式来表示的话，资本运作=资金（有形）+人际关系+社会关系+文化。所以在这个世界上，没有所谓的纯资本运作模式，你永远也不要相信那些通过"纯资本运作"就可以发家致富的骗局。

首次公开募股：富翁炼成记

生活中，我们常听说某家公司发展得不错，已经IPO了。那么什么是IPO？

IPO是英文Initial Public Offerings的缩写，指首次公开募股。简单说，IPO就是一家股份公司第一次将它的股份向社会公众公开出售。可以将其理解为增发股票，让新的、更多的投资者把钱投资到公司，同时给这些投资者一些新的股票，可以让他们参加以后的公司分红。

2014年，阿里巴巴在美国纽交所创下了218亿美元融资的全球最大IPO纪录，至今无人能破。上市当日开盘价92.75美元，一天后市值达到2314.39亿美元。这也使得阿里巴巴在上市当天就成为仅次于谷歌的第二大互联网公司。上市三年，马云身价就高达360亿美元。

在2016年9月7日，新东方上市十周年纪念日当天，俞敏洪打趣说："当初我们新东方去上市的时候，每四股合一股，加起来发行价只有15块钱，意味着每股4块钱都不到，现在44块钱多一点，刚好翻了十倍。"现在，新东方市值已经突破100亿美元。

……

在资本市场上，像这样的例子数不胜数。所以，有人戏称IPO是性能优良的亿万富翁孵化器。

一家企业从小到大，在发展过程中，遇到的瓶颈主要是资金。

第六章 资本运作——实现钱生钱的梦想

资金是企业的血液，没有资金企业很难发展。尤其是一些初创企业，由于规模小，没有上市资格，通常会寻求风险投资前来投钱，待逐渐发展壮大后，就需要从更多的人手里筹钱，这时IPO就是一个很有效的方式。

成立于1997年的碧桂园集团，至今已经营造了多个超大规模综合社区，是全国最大的综合性房地产开发企业之一。2007年4月，碧桂园在香港证券交易所上市，IPO首次创内地房地产企业规模最大纪录，总共出让16.87%的股权，募集到129亿港元的资金。公司大股东杨惠妍以25岁的年龄变身中国最年轻首富，她拥有碧桂园58.19%的股份，其身价在上市之初高达600亿元。这也让一向低调的碧桂园成为一个新的财富神话。

很多人可能不明白这到底是怎么一回事，也不清楚这个首富是如何炼出来的。最初碧桂园是一家家族房地产企业，其中杨惠妍和一些亲戚朋友分别占70%和30%的股权。杨惠妍是最大股东，其他几个人是与她一起创业的元老。上市后，总共卖出16.87%的股份，杨惠妍和这些亲戚的总股份被稀释到83.13%，其中杨惠妍所占份额被稀释到58.19%。他们为什么要让出股份呢？原来这些股份是卖出去的，别人要拿钱来认购，这样钱就流入了企业。碧桂园总共募集到129亿元，公司用这笔钱进行业务扩张。

其实，她并不是真的有那么多钱，而是按照香港交易所里碧桂园的股价计算，她手里的股票值600亿元。

对一家企业来说，要想通过IPO上市应该具备什么样的条件呢？

首先，在组织形式上面，公司分为有限责任公司和股份有限公司，只有股份公司才具备上市的基础条件。有限责任公司要想上市，必须先进行股份制改造，即有限责任公司本身不具备上市的资格。

其次，在经营情况方面，公司开业时间要在3年以上，且最近3年连续盈利。公司的生产经营范围要合法、合规，符合国家的产业政策，公司在最近3年内无重大违法行为，财务会计报告无虚假记载。公司最近3年的主营业务和董事、高级管理人员没有发生重大变化。

最后，在公司的设立方面，公司的股东出资按时到位，没有虚假出资的情况，如果发起人或者股东以实物出资的，应当办理完成财产所有权的转移手续，即已经将出资的财产由出资人名下转移到公司名下。公司的股权清晰，不存在权属争议。

另外，在公司的股本数额方面，持有股票面值达人民币1000元以上的股东人数不少于1000人，向社会公开发行的股份达公司股份总数的25%以上；公司股本总额超过人民币4亿元的，其向社会公开发行股份的比例为15%以上。

企业公开发行股票后，一般都会要求上市，股票可以在股票交易所公开买卖，我国证券法规定上市前必须要有公开发行，所以IPO和公司的股票上市一般都会联系起来讲，但是步骤上要先公开发行，也就是IPO之后才会上市。

可以说，IPO是绝大多数企业的梦想，因为这不仅意味着能融到大量资金供企业发展，同时也是市场对企业本身的认可，代表着企业已经发展到了一定的高度，从此以后迈进了一个新的阶段。

借壳上市：换个马甲你还认识吗

据民间传说，黄鼠狼偷鸡的技术非常高超，听起来有点让人不可思议。大家都知道，鸡的体重大概是黄鼠狼的二三倍，按说黄鼠狼是不可能轻易将鸡偷走，其实，只要黄鼠狼想偷，几乎每次都能顺利得逞，甚至能把鸡带到它1千米以外的老巢去。黄鼠狼究竟有什么独家秘籍呢？

原来，鸡在黑夜里视力很差，黄鼠狼便利用鸡的这一劣势，轻轻地趴在鸡背上，然后用嘴咬住鸡脖子，同时不断用尾巴狠狠地抽打鸡屁股。如此一来既可以防止鸡叫，又可以轻松指挥鸡前行的方向。这样，黄鼠狼就像一个骑士一样，"勒紧"缰绳，挥动"马鞭"，将受惊直窜的鸡赶到自己的老巢后，美美地享用。

对一家企业来说，资金就是血液，但是随着企业不断发展壮大，难免会出现供血不足的现象。如果此时没有及时为企业注入充足的"血液"，企业就有可能因此而生命垂危。为企业提供充足血液的方式主要有两种：一种是自主造血，另一种是输血。自主造血是在企业发展相对稳定，利润良性增长的情况下才能实现，但是对于高速发展或者快速扩张的企业而言，只能依靠输血来满足资本的需求。

对于资本市场来说，主要表现在股权的控制和运作上。借壳上市便是很好的一种资本输血模式。借壳上市其实和黄鼠狼偷鸡有异曲同工之妙。借壳上市是通过借用其他企业的资本和股权，来壮大自己的资本力量，从而达到上市的目的的；而黄鼠狼偷鸡同样是借鸡奔跑的力量来达到自己的目的的。

借壳上市是指一家公司通过把资产注入一家市值较低的已上市公司，得到该公司一定程度的控股权，利用其上市公司地位，使母公司的资产得以上市。借壳上市可以使得一些原本无法上市，或是很难上市的企业圆了上市的梦。

有人也许会问，为什么一些公司不直接上市，非要借壳上市呢？

在我国，一般中小企业要想上市，非常困难。早些年，阿里巴巴非常缺钱，马云四处找投资，可就是没有人给他投资，后来，他找到了软银的孙正义，孙正义给阿里巴巴投了2000万美元，后来又投了4000万美元，因此孙正义成了阿里巴巴的第一大股东，占股39.6%，后来经过了多次套现，截至2019年6月，软银仍旧持有阿里巴巴6.74亿股，占阿里巴巴总股本的26%。如果以近4000亿美元的市值来计算，软银手中的股权价值仍旧高达1010亿美元。如果当时阿里巴巴能直接上市，也不会让软银占阿里巴巴如此多的股份。

那么中小企业在A股市场直接上市究竟有多难呢？主要有以下"三难"。

（1）直接上市的门槛高。具体的要求是：股本总额少于3000万元人民币的企业不准上市；成立不满3年，不允许上市；不能实现持续3年盈利，不能上市；有关持续盈利的业务内容出现变化的不能上市；最近3个会计年度经营活动产生的现金流量净额累计不足5000万元，或者最近3个会计年度营业收入累计不足3亿元，不能上市；有不良记录的企业不能上市；未获得审批的企业不能上市；不是一股一权的不能上市。

阿里巴巴集团等一些互联网企业不能在A股直接上市的主要原因为，阿里巴巴是合伙人制度，同股不同权。也就是说，即便你握有阿里巴巴集团再多的股份，也没有多少话语权。而话语权主要掌握在阿里巴巴的管理层手中。像腾讯、百度、京东等互联网企业都属于A、B股，同股不同权，所以这些企业除非借壳上市，否则就不能在A股直接IPO。

（2）审核关卡严。

直接上市的过程非常漫长，需要排队等候很久，甚至好几年，而且承销费用不低，弄不好没有通过审核无法上市，前功尽弃，时间成本较高。而一些急于融资的公司会选择借壳上市。但是，现在借壳上市的标准也等同于IPO，因此借壳也不是那么容易。

（3）排队时间长。

即使通过了发审委的审核也要排队等待上市，遇到股市行情好的时候，排队时间可能还短一些，如果遇到股市处于长期熊市，新股发行速度放缓，甚至暂停发行，等待时间会更长。有的上市公司虽然通过了审核，但看到前面还排着好几百家，那么其在中短期内上市的希望就破灭了。

2016年9月，证监会发布《上市公司重大资产重组管理办法》新规，号称史上最严重组新规。新规颁布后，借壳上市的难度增大。既然难度如此之大，那么为什么一些公司还是要借壳上市呢？主要有如下几点好处：

首先，可以绕过监管部门审查，快速上市。这样可以节省大量的时间，等于走了一条捷径。其次，借壳上市后，无须向社会公开公司盈利的水平、资金数量等各项指标，有利于增强隐蔽性。最后，自己可以控制上市时的价格，不用市场来决定。当然，借壳上市时也要付出较大的重组成本以及面临股权稀释和摊薄等问题。

借壳上市可以变通地解决"一股一权"的限制，可以迅速解决冗长的"审批和排队"的无奈，所以很多企业愿意借壳上市。这也让市场上垃圾公司的壳资源有了最后的价值。不过，借壳上市仅是曲线上市，通过这样的方法是无法融到资金的，还需要在上市后通过"再融资"的途径，达到融资目的。如今，随着注册制的推进，将来符合条件的公司都可以上市融资，届时借壳上市也将成为历史。

投资银行：神秘的"三高"银行

投行，给人的第一感觉是"三高"：企业高大上，从业者高收入，客户高帅富。但是，大多数人并不清楚投行是做什么的，是从银行里借钱然后投资基金、股票吗？是帮着公司做投资吗？其实都不是。

要想知道投行是干什么的，首先要清楚它的概念。

投行，全称是投资银行，它是与商业银行相对应的一类金融机构。国际上对投资银行的定义主要有4种：

第一种：任何经营华尔街金融业务的金融机构都可以称为投资银行。

第二种：只有经营一部分或全部资本市场业务的金融机构才称为投资银行。

第三种：把从事证券承销和企业并购的金融机构称为投资银行。

第四种：仅把在一级市场上承销证券和二级市场交易证券的金融机构称为投资银行。

由于投资银行业的发展日新月异，对投资银行的界定也显得十分困难。在美国和欧洲大陆，人们习惯称"投资银行"，在英国称之为"商人银行"，在日本则指证券公司。

如果做个归纳，投资银行可定义为：主要从事证券发行、承销、交易、企业重组、兼并与收购、投资分析、风险投资、项目融资等业务的非银行金融机构，是资本市场上的主要金融中介。

可以看到，投资银行是与商业银行相对应的一个概念，是现代金融业适应现代经济发展所形成的一个新兴行业。它区别于其他相关行业的显著特点是：

（1）它属于金融服务业，这是区别一般性咨询、中介服务业的标志。

（2）它主要服务于资本市场，这是区别商业银行的标志。

（3）它是智力密集型行业，这是区别其他专业性金融服务机构的标志。

那么，在金融行业中，投行的从业者都在做什么？

在金融行业，从业者大体分为买方和卖方。那么，他们买卖双方到底在交易什么东西呢？当然不买卖股票债券。他们在交易的是一个潜在的会上市的公司，这个公司会去做并购、增发、上市等。金融行业的卖方，可以简单理解成一个"中介"，帮助实体经济公司融资。那些有钱的公司、机构、基金、风投来花钱买。

在交易过程中，卖方主要是投行、券商，买方是基金、资管、风险投资。当然，有的公司既是买方又是卖方，例如高盛，他们的投资银行部门就是卖方，他们的资产管理部门就是买方。再比如一些证券公司，它们有自己的基金部门，这是买方，同时，又有自己的行业研究部门，又是卖方。

在国外，人们习惯将投资银行巨头叫作Bulge Bracket，简称"BB"，这些BB都是一些我们耳熟能详的名字，如高盛、大摩（摩根士丹利）、小摩（摩根大通）、美银美林、DB（德意志银行）、瑞士瑞信银行、花旗投行部、汇丰投行部等。小号的投行中，一部分以"专精"和"为企业客户量身定制服务"为特色的叫作"精品投行"，他们往往将自己定位于以客户实际发展需求为导向，帮助客户引进战略资金，扩大规模，提升竞争力。

欧美国家的金融体系是"大金融"的混合型金融体系，在这个体系下，以其主营业务可将"投行"划分为两大类。

一类是独立的投资银行。比如美国的高盛、摩根士丹利、第一波士顿、日本的野村证券等。

另一类是商人银行与全能银行。商人银行主要是商业银行对现存的投资银行通过兼并、收购、参股，或以建立自己的附属公司的形式从事商人银行及投资银行业务。而全能银行本身在从事投资银行业务的同时也从事一般的商业银行业务。这两类银行包括摩根大通、德意志银行、荷兰银行、瑞士银行等。

在我国，投资银行业务最初是由商业银行来完成的，商业银行不仅是金融工具的主要发行者，也是掌管金融资产量最大的金融机构。20世纪80年代中后期，随着中国开放证券流通市场，原有商业银行的证券业务逐渐被分离出来，各地区先后成立了一大批证券公司，形成了以证券公司为主的证券市场中介机构体系。在之后的一段时间，券商逐渐成为中国投资银行业务的主体。

现在，中国的投资银行大体分为3类：第一类是全国性的，它又分为两种，一种是以银行系统为背景的证券公司，另一种是以国务院直属或国务院各部委为背景的信托投资公司；第二类是地区性的投资银行，主要是省市内级的专业证券公司和信托公司；第三类是民营性的，主要是一些投资管理公司、财务顾问公司和资产管理公司，如华兴资本、易凯资本、绿桥资本、汉能投资等。

特别是第三类投资银行，它们大多数是从过去为客户提供管理咨询和投资顾问业务发展起来的，而且具有相当的资本实力，在企业并购、项目融资和金融创新方面具有很强的灵活性，正在成为我国投资银行领域中的一支中坚力量。

利滚利：钱生钱的最强魔法

复利就是指你的投资每完成一个计息后，将所生利息加入本金，计算下期的利息。这意味着，每一个标的到期后产生的利息都将成为下一笔投资的本金，即"利滚利"。

举个例子，你拿100元投资，年化利率为10%，一年后无论是按单利还是按复利计息，本息合计都是110元。但是到了第二年，若用单利计息（单利计息是仅按本金计算利息，其利息总额与借贷时间成正比），本息合计是120元。若用复利计息，第二年的本息合计是121元。复利比单利计算多了1元钱，可不要小看了这1元钱，假如你的本金是100万元，那么这个差距是非常大的。

有一个古老的故事：

很久之前，有个国王总是闷闷不乐，一天，他发布公告说，如果谁能使自己心情舒畅，将满足他一个愿望，无论这个愿望是什么都可以。于是有一个人自告奋勇地觐见，说可以治愈国王的病。

这个人就是发明国际象棋的人。他把象棋推荐给国王，国王玩了几盘，非常高兴，心情也就好了，于是他问对方，你有什么愿望或者说想要什么就尽管说吧，这个人就说："陛下，我的愿望很简单，就是您把这个棋盘放上米粒就可以了，放的标准是这样的，在第一个格子上放1粒米，第二个格子上放2粒米，第三个格子上放4粒米，以此类推，每一格放的米是前一格放米数的双倍，一直放到棋盘的第64个格子上。"

国王说，这还不简单啊，于是吩咐仆人抬两袋米来，按照要求放米，很快两袋米就放完了，又拿了几袋也一会儿就放进去了。这时一个谋臣说："我们先算一下需要多少米吧。"于是就进行了详细的计算，不算不知道，一算还真吓了一跳，原来第64个格子需要的米数是个天文数字，因为，第64格要放2^{64}=18446744073709551615粒米。整个国家足足需要10年才能生产出这么多米！国王即使将国库所有的粮食都给他，也不够其要求的百分之一。

这就是复利——让人生财富重复递增的无比威力。它完全可以称为世界第九大奇迹。凭着上帝赐予的魔力，复利可以使一笔小钱在一段时间后变成一笔巨款。

爱因斯坦也曾说，复利是展现时间价值的最神奇的数学概念。复利的原理其实很简单。当你存款或者投资，投入的钱就有了利息或者说增值。上一年的利息在下一年里产生了新的利息，这样一年年下去，利息越来越多，钱就跟滚雪球一样越滚越大。我们的祖先用一个非常形象的词来形容它：利滚利。

可见，所谓复利，复，即重复；利，即盈利、顺利、有利。复利的威力在于一个"复"字。凭借重复的威力，时间可以改变一切。你投资在一个复利的人身上，或持有一个复利的理财产品后，只需要经过一段时间等待，财富就可以成长到足够满意的倍数。当然20年复利率越高，20年倍数越高。相对其他投资理财服务，顶级复利理财产品的优势是在10~20年里，常年盈利，重复性好，收益满意度高，机会重复多，常年抗风险的重复性好，只需持有而不需要频繁交易，大量降低了交易成本，让人长期放心、省心等。

一个人要想让自己的财富实现快速增长，一定要运用好复利思维。例如，一个月薪只有4000元的人，将来要想成为百万富翁，靠每月攒几百元肯定不行。要想达成目标，可以运用复利思维：张三从22岁起每月只存300元，用于6年期基金定投，假如年收益率为10%，则到张三28岁时，当他由于家庭消费的需要不再继续投资时，他投入的资金为21600元。即使不考虑通货膨胀，等到张三65岁时，他的财富将上升到100万元。也就是说，张三只要在前期投入就可以轻松地实现百万富翁的梦想。这虽然有点不可思议，却是复利的魅力所在。

复利最大的魅力有两个，一个是时间，另一个是收益率。相同收益率的情况下，时间越长收益越大，并且收益会越来越高。

相较于精算的麻烦，72法则是一种速算年化报酬率的方法。虽然它不够精确，但已很近似，所以对于快速计算年化报酬率，或是已知预期报酬率时，可以估算几年之后本金成长多少倍。

实现财务自由是每一个人的梦想，而利用"复利"进行理财是实现财务自由最好的方式！复利的魔法在于钱生钱，利滚利，只要把每一分钱都利用起来，便能使收益最大化。

第七章

金融危机——没有赢家的博弈

> 德国哲学家黑格尔说过:"历史有重演的特性,它会一直持续到教训被人领悟为止。"无论是从宏观经济走向,还是微观经济投资,人类历史上发生的每一次大的金融危机都有极大的借鉴意义,它们对于宏观经济的发展有着指导性的意义。

热钱进出：钱多了也会成灾

对于热钱的概念，很多人半懂不懂。热钱是什么意思？热钱（Hot Money）又称逃避资本，它是指为追求高收益及低风险而在国际金融市场上迅速流动的短期投机性资金。热钱的最大特点就是短期、套利和投机。

在市场中，热钱就像水，多了会成灾，尤其是当它在短时间内大量流向某个领域，或是行业，或者是一个国家时，会严重影响正常的经济秩序，扰乱市场，甚至会冲垮一个国家。

为了形象地说明国际热钱对一个国家经济、金融的影响或冲击，下面来举一个简单的例子。

在一座孤岛上，有10个居民，10份实物资产，10元本币（实物、本币在居民中的分配并平均，有的居民拥有两份实物资产，有的拥有两元本币）。

所以，从统计上讲，每1元本币可以购买一份实物资产。一天，从岛外来了一个人，他身上带着一些美元。于是，岛上的10个人组成一个货币委员会，决定岛上不流通美元，并决定以1：10的比例兑换岛上的本币。如果有更多的岛外人要求兑换本币，则本币对外升值，兑换比例将降低为1：9或1：8等。此时，岛内一共有10份实物资产，20元本币。所以，从统计上讲，每1元本币只能购买0.5份实物资产。

由此，本币对内贬值，拥有两份实物资产的居民，其资产增值，而拥有两元本币的居民资产贬值。反过来，当这个岛外人要离开，要求换回美元，则货币委员会以1∶10的比例兑换美元。此时，岛内有10份实物资产，10元本币，每1元本币可以购买一份实物资产。因此，本币对内升值，拥有两份实物资产的居民资产贬值，拥有两元本币的居民资产增值。

由这个例子可以看出，在热钱一进一出的过程中，会引起本币的升值或贬值，在现实中，即我们所说的"钱更值钱"或"钱不值钱了"。

通常，国际热钱流向两个方向：其一，短期利率正处在波段高点，或还在走高；其二，短期内汇率蓄势待发，正要升值。如果一个国家的经济正在快速、平稳发展，国民所得正在增长，股市正待上扬，这容易吸引各种热钱进来。但是，热钱是唯利是图的，不讲一点情面，更无忠诚可言，当一国相对于他国短期利率较低，或是短期内汇率正在走低，那么热钱就会再度流出。

所谓热钱流出，就是变卖本国货币计价资产，如外资拥有的股票、国债、投机性土地等，大量变卖，换成他国货币之后，倾巢汇出。以上一进一出，如果间隔时间短而流量大，将造成本国股市、债市、房市暴起暴跌。

2008年4月，由次贷引发的金融危机正在全球迅速蔓延。一位华尔街金融家正搭乘私人飞机，准备前往中东。这位金融家就是美国商务部部长罗斯，一位颇有名的投资并购家。这次他前往中东，只有一个目的，那就是筹钱。

在2008年，因石油价格暴涨，数以千亿的美金短时间内流入阿联酋，一时间让这个中东小国迎来了别样的繁荣，此时，富得流油的阿拉伯人为钱多没处花而发愁，他们急需一位靠谱的投资家。就在这个时候，罗斯出现了。他甚至无法想象：油价15美元的时候，阿联酋就已经非常富裕了，现在115美元，到底有多少热钱需要落脚。

而此时的美国，因为刚刚经历经济危机，资产价格大幅缩水，房价每个月下跌近8%，这意味着，现在谁手里的钱越多，谁就可以以很低的价格买到优质资产。

很快，罗斯到达目的地阿布扎比投资局，该投资局管理阿联酋近万亿美元资金，由总统担任总裁。在金融危机后，罗斯经常在中东地区活动，与中东各国的领导人混得很熟。与预想的一样，一个多小时的会谈结束后，罗斯和他的伙伴们表示会谈非常顺利——他非常轻松地就筹到了钱，但是他要考虑的问题是：要将这笔救命钱投给谁？

非常巧合的是，在罗斯离开中东的几个月后，油价迎来史无前例的暴跌，从最高点近150美元一路跌至不到40美元。

通常，热钱的流出，会使经济产生剧烈波动，如果热钱大规模迅速流出，会使一些投机气氛较大的市场价格会大幅波动，如房地产价格迅速回落、债券价格以及股票市场大幅震荡等。泰国在1997年前奉行高利率政策，大量热钱涌入泰国，泰铢贬值后，"热钱"迅速逃逸，使泰国的经济崩溃。

长期以来，发展中国家由于国内资金短缺，往往希望外汇流入。但是在国际金融领域，热钱的流窜是有规律的，即哪里收益高流向哪里。那么，热钱的流入流出会对我国金融经济产生哪些影响呢？

1.造成虚假繁荣

热钱进来对经济造成推波助澜的虚假繁荣。比如，最近几年来，我国房地产价格直线上升，远远超过消费物价指数，尤其是一线城市，房地产价格涨幅更大。所以，一些套利资本会趁机进入我国的房地产市场。很多房地产开发商之所以不愿意降低楼价房价，一个很重要的原因是对国际热钱心存幻想，而能够吸引国际热钱进入中国楼市的一个很重要的理由，就是人民币的大幅升值。

2. 助长投机风气

热钱的高流动性是其套利的保证，其引发的虚假繁荣的泡沫很容易随着热钱的撤离而破灭。民众盲目跟风易被误导，热钱赚钱走人，而让跟进的投资者损失惨重。这种投机风气在房地产市场、股票市场和大宗商品市场的蔓延也不利于我国的经济转型。

3. 加大通胀压力

热钱流入导致国内通胀压力加大。热钱的流入加大了外汇占款的规模，释放了大量的流动性，热钱带来的基础货币的投放对我国的通货膨胀起到了推波助澜的作用。热钱往往通过炒作大宗商品带动产品价格的结构性上涨，进而引发商品价格的全面上涨，国内通胀压力加大。

所以说，热钱频繁进出，会严重影响一国金融市场稳定运行。现阶段，各国宽松政策释放的流动性，加上人民币升值的预期，都让人民币背负着巨大的升值压力，热钱不断流入，而一旦美国经济向好，人民币预期的不确定性增加，热钱就会迅速流出，到时候热钱的抽离必然会冲击我们国内的各个市场，造成震荡，破坏我国金融的稳定性，甚至会拖累实体经济。

世界股灾：谁想破产，就买股票

"谁想发财，就买股票"成为一句口头禅，人们着迷似的买股票，梦想着一夜之间成为百万富翁。大多数人都在谈论股市，研究股市投资技巧。广播电台里整天都有专家在谈股论经，告诉人们如何在股市中躺着赚钱。疯狂的股票投机终于引发一场经济大灾难……

这样的场面是不是感觉很熟悉？仿佛在电影电视中看到过。的确，这就是我们常说的股灾。

股灾是股市灾害或股市灾难的简称。它是指股市内在矛盾积累到一定程度时，由于受某个偶然因素影响，突然爆发的股价暴跌，从而引起社会经济巨大动荡，并造成巨大损失的一种经济现象。股灾不同于正常的股市波动，也有别于一般的股市风险。它具有突发性、破坏性、联动性和不确定性的特点。按股灾波及的范围大小，股灾可分为世界性股灾、世界区域性股灾、国家或地区性股灾。

为什么会发生股灾？

针对这一问题存在很多观点，有人认为是因为程式交易，有人认为是股价过高，有人认为是市场上流动资金不足，有人认为是羊群心理作怪……

通常，在股灾发生前的一段时间，股价会显得一派繁荣，人们也会变得近乎疯狂，也就是所有人都在吹泡沫，在泡沫的掩盖

第七章 金融危机——没有赢家的博弈

下,人们看到的是虚假的繁荣:交易极度活跃,金融证券、房地产等的市场价格脱离实际价值大幅上涨,股市短期疯涨,市盈率急剧攀升……

当泡沫破裂,人们又极度恐慌,股价的每一次波动,都会刺激他们的神经,让其惶恐不安。

那么如何断定股市是否存在泡沫呢?

有人认为,泡沫往往需要事后确认,有人从价格与价值的关系进行分析,也有人用市盈率进行测定。目前,没有一个统一的定论,但是无可争议的是,产生泡沫的股市潜藏着巨大的风险。

一般泡沫产生与刺破的过程如下:起初,一种或一系列资产的价格走势平稳,之后价格突然上升,这种上升会让人们产生价格继续上涨的预期,于是又吸引了新的买主。这些人一般只是想通过买卖谋取利润,而对这些资产本身的使用和产生赢利的能力不感兴趣。涨价之后便是预期的逆转,接着就是价格的暴跌,最后以金融危机告终。

从1720年全球发生第一次股灾算起,几乎每一个有股市的国家或地区都不可避免地会发生股灾。

1720年世界股市爆发第一次股灾,史称"法国密西西比股灾"。

1715年路易十四去世,生前他最喜欢奢侈品,喜欢高消费,挥霍无度。他死后,法国经济秩序一片混乱,对外债台高筑,对内每年税收入不敷出。掌管法国的摄政王奥尔良公爵为了填补路易十四生前留下的财政窟窿,于1716年5月5日,通过皇室发布命令,建立一个名叫"劳氏公司"的银行,它发行的纸币可以用来交税,资金为600万里弗赫,每500里弗赫一股,共分为12000股,其中1/4可以用金属货币购买,剩余的可以用国库券的形式购买。

1719年初,皇室发布文告,授予密西西比公司全权在东印度群岛、中国、南太平洋诸岛以及柯尔伯建立的法国东印度公司所属各地进行贸易。为了扩张业务，该公司决定增发5万份新股。

每份500里弗赫的面值只抵得上100里弗赫的实际价值，每一股的利润竟达到200%。人们无法抵御这种诱惑，全国至少有30万人申请购买新股。

慢慢地，流通硬币出现严重的匮乏。即便采取了很多方法，也没能遏止贵重金属不断流向英格兰和荷兰的趋势，留在国内的少量硬币也被保存或隐藏起来，最后，国内硬币到了极度匮乏的程度，贸易再也无法维持下去了。

这时，股民们惊讶地发现，股价已高得吓人，赚了钱的人都想把股票换成纸币，再将纸币拿到银行去兑换成硬币，以保住自己的财富。因此市场上开始大量抛售密西西比公司股票，股价迅速下跌。

为了支撑股价，苏氏公司不惜大批量发行纸币以吸收投资者卖出的股票，结果适得其反。人们由怀疑密西西比公司股价转到怀疑国家银行是否有能力兑换无数的纸币，抛售股票的狂潮迅速演变为挤兑狂潮。密西西比公司股价一泻千里，创造了至今仍保持的跌幅一次达99%的世界股市最高纪录。

密西西比股票终于崩盘了。没过几天，法兰西皇家银行倒闭，纸币沦为废纸。之后，法国经济长时间陷入大萧条。

这次股灾之后，在世界范围又曾发生过几次大的股灾，分别是：1929年和1987年起源于美国的股灾，它们均是波及范围较广的世界性股灾；日本、中国台湾和中国香港是世界上股灾发生最频繁的国家或地区；包含股灾在内的1994年墨西哥金融危机和1997年东南亚金融危机，使汇市与股市轮番暴跌；2008年发生了全球股灾，华尔街成了千夫所指。

中国股市发展历程较为短暂,但依然经历了两次惊心动魄的股灾。

一次股灾发生在1996年。1996年国庆节后,股市全线飘红。从4月1日到12月9日,上证综合指数涨幅达120%,深证成分指数涨幅达340%。证监会连续发布各种规定和通知,意图降温,但市场毫不理会。12月16日《人民日报》发表《正确认识当前股票市场》文章,给股市定性:"最近一个时期的暴涨是不正常和非理性的。"涨势终于被遏止。上证指数开盘就降至跌停位置,除个别小盘股外,全日封死跌停,次日仍然跌停。全体持仓股民三天前的纸上富贵全部蒸发。

另一次股灾发生在2001年。这年7月26日,股市暴跌,沪指跌32.55点。到10月19日,沪指已从6月14日的2245点跌至1514点,50多只股票跌停。当年80%的投资者被套牢,基金净值缩水了40%,而券商佣金收入下降30%。

不管是国外的股灾,还是国内股灾,虽然发生的原因不同,但其都有一个共性:股市的走势大大脱离经济的基本面,故不能持续太长时间,一有风吹草动,便会掀起波澜,而股市中人的投机心态过盛,在贪婪与恐惧的驱使下,免不了以悲惨收场。

石油危机：谁也逃不过的浩劫

一直以来，石油就被称为"工业血液"，无法想象地球没有石油的情况。石油危机，从来就不是单纯的石油问题，它关乎全球金融与经济，甚至会引起全球的动荡与战争。

简单来说，石油危机就是经济危机在世界石油领域的一种表现，即石油价格暴涨或暴跌。石油危机对依靠廉价石油起家的国家会产生极大冲击。全球曾经历过三次大的石油危机。

1973年10月第四次中东战争爆发，为打击以色列及其支持者，石油输出国组织的阿拉伯成员国当年12月宣布收回石油标价权，并将其积陈原油价格从每桶3.011美元提高到每桶10.651美元，从而触发了第二次世界大战之后最严重的全球经济危机。

持续三年的石油危机对欧美国家的经济造成了严重的冲击。在这场危机中，美国的工业生产率下降了14%，日本的工业生产率下降了20%以上，所有工业化国家的经济增长都明显放慢。但很少有人知道，这次危机的爆发，实际上是英美石油巨头和金融投机者在政府支持下精心策划的结果。至于其最终目的，则是进一步控制世界能源流通，并借机谋取因石油溢价而产生的巨额利润。

1978年底，伊朗的政局发生剧烈动荡，亲美的温和派国王巴列维下台，加之此时又爆发了伊朗与伊拉克的战争。由此，引发了第二次石油危机。因为两国的石油产量急剧下降，致使全球的石油产量从每天580万桶骤降到100万桶以下。随着产量的剧减，

第七章 金融危机——没有赢家的博弈

油价在1979年开始暴涨,从每桶13美元猛增至1980年的34美元。这种状态持续了半年多,此次危机致使20世纪70年代末的西方经济出现全面衰退。

1990年8月初伊拉克攻占科威特以后,伊拉克遭受国际经济制裁,使得伊拉克的原油供应中断,国际油价因而急升至42美元的高点。美国、英国经济加速下滑,全球GDP增长率在1991年跌破2%。国际能源机构启动了紧急计划,每天将250万桶的储备原油投放市场,以沙特阿拉伯为首的OPEC也迅速增加产量,很快稳定了世界石油价格。

如果石油价格不稳,或是发生较严重的石油危机,很容易催生金融、经济危机。不管是过去,还是当前,也不论是美国等发达国家,还是其他经济体,国内经济的走势越来越依赖于其他国家经济运行情况。当石油价格大幅上升时,很容易引起世界经济大萧条。比如,当OPEC在20世纪70年代后期决定大幅度提升石油价格时,引发了美国经济的衰退。在之后的1997年,投资者经历了亚洲金融危机的洗劫,道指在10月27日狂跌550点,只因为投资者担心亚洲金融危机会伤害到美国经济和公司收益。

相反,油价下跌也会产生蝴蝶效应,影响到全球金融市场的稳定。20世纪90年代末,在油价不断下跌、美元不断走强的情况下,让美国股市的牛市演变为一场全面的泡沫,同时新兴市场陷入了一系列危机。当时美元走强让新兴市场更难偿还以美元计价的债务。

虽然20世纪90年代末的泡沫和危机,不太可能在今天全面重演,因为各国已经汲取了足够多的教训。但是,如果石油价格长时间低位运行,会给主要产油国的货币带来冲击,如果油价长时间高位运行,则世界主要经济体吃不消。在全球统一市场的背景之下,当前经济实力最强的美国不可能让别的国家油价上涨,而让自己的油价保持低位。否则,油价拉高,美国全民都要为之买单。2008年,高盛曾经将油价拉到147美元,结果没过多久,金融海啸就到来了。

2011年上半年,出于对欧洲主权债务危机的担心,以及对中东局势不稳的忧虑,全世界的资本市场都经历了惨痛的下跌。

石油,被人们称为黑色的金子、工业的血液。今天,石油已经像血液一样维系着社会生活的运转、经济的发展甚至政治的稳定和国家的安全。英国石油专家彼得·R.奥得尔曾说:无论按什么标准而言,石油工业都堪称世界上规模最大的行业,它可能是唯一牵涉世界每一个国家的一种国际性行业。

银行危机：都是钱荒惹的祸

银行作为一个特殊的金融机构，被人们普遍视为可靠的象征。但是，20世纪以来，银行危机并非如人们普遍想象的那样极少发生。

银行危机现象，是指银行不能如期偿付债务或迫使政府出面，提供大规模援助，以避免违约现象的发生。一家银行的危机发展到一定程度，可能波及其他银行，从而引起整个银行系统的危机。

金融的发展，不仅推动社会的发展，也是维护现代社会秩序的必要手段。如今，世界由金融之手所掌控，金融业已经影响到人们生活的方方面面。金融可以创造财富，也可以催生泡沫，一个国家金融泡沫的破灭可以颠覆这个国家甚至世界。

1903年，保罗将一份如何将欧洲中央银行的"先进经验"介绍到美国的行动纲领交给雅各布·希夫，这份文件随后又被转交给纽约国家城市银行（后来的花旗银行）总裁詹姆斯·斯蒂尔曼和纽约的银行家圈子，大家都觉得保罗非常有远见。

在美国历史上，反对私有中央银行的政治力量和民间力量一直非常强大，加之纽约银行家在美国工业界和中小业主的圈子里口碑极差。所以，国会议员们对银行家提出的所有关于私有中央银行的提案都不感兴趣。在这样的政治气氛中，要想通过有利于银行家的中央银行法案难度极大。为了扭转这种不利局面，一场巨大的金融危机开始被构想出来。

首先是新闻舆论导向开始大量出现宣传新金融理念的文章。此后不久，雅各布·希夫在纽约商会宣称："除非我们拥有一个足以控制信用资源的中央银行，否则我们将经历一场前所未有而且影响深远的金融危机。"

其实，银行家们早已看到经济过热产生的严重泡沫，这也是他们不断放松银根所导致的必然结果。但是，什么时候开始收割却只有几个最大的银行寡头知道。摩根和他背后的国际银行家们精确地计算着这次金融风暴的预估成果。首先是震撼美国社会，让"事实"说明一个没有中央银行的社会是多么脆弱。其次是挤垮和兼并中小竞争对手，尤其是令银行家颇为侧目的信托投资公司。还有就是得到让他们垂涎已久的重要企业。

1903—1907年，美国经济快速发展，市场对于资金的需求不断地增加，资本的巨大需求促使美国机构与个人投资者过度举债，这其中就诞生了一个金融机构——信托投资公司。

信托公司和现在的投行一样，享有许多商业银行不能经营的投资业务，但其缺乏政府监管，这导致信托公司可以没有限制地过度吸纳社会资金，去投资高风险、高回报的行业和股市。

1906年，纽约一半左右的银行贷款都被信托公司作为抵押投在高风险的股市和债券上。没有监管的信托公司将金融的泡沫越吹越大。

金融泡沫在逐渐吹大，但其终究是脆弱易碎的，注定不会持久。

20世纪前后爆发了第二次布尔战争与日俄战争。为弥补战争造成的巨大损失，欧洲各国央行普遍提高利率，这导致大量黄金资本迅速从美国回流欧洲。

第七章 金融危机——没有赢家的博弈

可谓祸不单行，1906年4月，美国旧金山大地震造成严重破坏，大量资金被投入旧金山的重建工作上，即使作为美国金融中心的纽约也一度出现现金告急。

1907年6月，纽约市市政债券发行失败；1907年7月，铜交易市场崩溃；1907年8月，洛克菲勒的美孚石油公司被罚款2900万美元；1907年9月，股市已下跌了近四分之一；1907年10月，那只掀起飓风的蝴蝶出现——尼克伯克信托投资公司遭到清算。

1907年10月中旬，美国第三大信托公司尼克伯克信托投资公司对联合铜业公司的收购计划失败。市场传言尼克伯克信托公司即将破产，第二天这家信托公司遭到"挤兑"，所有存款人都来银行提现金。尼克伯克成为倒下的多米诺第一张牌。

当时美联储还没有诞生，稳定市场的力量就是来自这场危机的始作俑者银行家，而其中最为突出的就是约翰·皮尔蓬·摩根，即J.P.摩根公司的创始人。

摩根当时资产达13亿美元，可谓富可敌国。他组织了一个银行家联盟，向需要资金的银行提供贷款，并收购股票。很快，美国财政部长乔治·科特留宣布，政府动用3500万美元资金参加救市。随后，市场恢复正常。此次救市导致了1914年美国联邦储备系统的诞生，金融体系的稳定性得以增强。

摩根在此之前的几个月里一直在欧洲的伦敦与巴黎之间"度假"，经过国际金融家们的精心策划，摩根回到美国。不久，纽约突然开始广泛传言美国第三大信托公司尼克伯克即将破产。

很快，流言像病毒一样蔓延至整个纽约，惊恐万状的市民在各个信托公司门口彻夜排队等候取出他们的存款。银行则要求信托公司立即还贷，受到两面催款的信托公司只好向股票市场借钱，借款利息很快上升到150%的天价。到10月24日，股市交易几乎陷

131

于停盘状态。

此时，摩根又以救世主的姿态出现了。当纽约证交所主席到摩根的办公室求援时说，如果下午三点前还筹不到2500万美元，50多家交易商将会破产，除了关闭股票市场，他实在想不到其他办法。下午两点，摩根紧急召开银行家会议，在16分钟里，银行家们筹足了钱。摩根立即派人到证交所宣布借款利息将以10%敞开供应，交易所里立即一片欢呼。仅过了一天，紧急救助的资金告罄，利息再度疯长。8家银行和信托公司已经倒闭。摩根赶到纽约清算银行，要求发放票据作为临时货币以应付严重的现金短缺。

11月2日，摩根开始了他蓄谋已久的计划，"拯救"仍在风雨飘摇之中的摩尔斯莱公司。该公司已陷入2500万美元的债务，濒临倒闭。但是它却是田纳西矿业和制铁公司的主要债权人，如果摩尔斯莱公司被迫破产清偿，纽约股市将完全崩溃，后果不堪设想。摩根将纽约金融圈子里的大腕悉数请到他的图书馆，商业银行家被安排在东书房，信托公司老总被安排在西书房，焦急不安的金融家们在等待着摩根扭转他们的命运。

摩根深知田纳西矿业和制铁公司拥有的田纳西州、亚拉巴马州和佐治亚州的铁矿和煤矿资源，将加强美国钢铁公司的垄断地位。因为反垄断法的限制，摩根始终下不了手，而这次危机为他创造了一个千载难逢的兼并机会。

11月3日晚，摩根派人赶往华盛顿，希望在下个星期一上午股票市场开盘之前，拿到总统的批文。银行危机使大批企业倒闭，大量失去积蓄的人对政府极其不满，为了稳定大局，老罗斯福不得不在最后时刻在批文上签了字。此时距星期一股市开盘仅剩5分钟！

这场危机奠定了摩根在华尔街的地位，也促成了美联储的成立——美联储主体是由银行家控制的中央银行，所以时至今日，美国的货币依然被牢牢掌控在这些金融资本家手中。

这次银行危机的发生，主要是市场预期的膨胀，当市场经济处于高速发展的阶段，人们都会过度乐观地去看待经济的发展，同时不断进行金融创新。当实体回报低于预期的资本回报，就会变成庞氏骗局，结果可想而知。有人说，这次金融危机，从整体上来看更像一场银行家的阴谋，但经济高低间波动确实一直存在，银行家们只是借助这种经济规律，促使这次危机爆发。

通常，银行危机爆发有两个主要原因。

1.高回报的诱惑

危机爆发前，美国的经济正高速发展，市场对于资金有着强烈的需求，在这样的环境之下信托应运而生。信托作为一种金融创新，可以为需求方筹募更多的资金，但是由于其高回报，导致市场资金流向的改变，需求方只能以高利息在信托借贷到资金，在实业市场收益较高的时候，这种模式的弊端并未显现，一旦收益降低，这种模式就成了市场崩塌的催化剂。由于银行的大量资金流入信托，而信托的高利息导致企业无法承受，最终才爆发了银行危机。

2.市场情绪影响

如果市场情绪极度悲观，便会对金融机构特别是银行产生冲击，最明显的就是大量的挤兑。由于银行的营运模式不可能保证所有的资金全部保留，一旦发生挤兑就会造成资金链断裂，而整体市场恐慌，就会造成整个银行业资金链断裂。

除了20世纪初美国爆发的银行危机外,20世纪80年代的一场银行业危机也对西方经济和世界产生了巨大的冲击。从那时起,国际货币基金组织成员国中有130个国家发生过不同程度的银行危机,其中,四分之三的银行危机集中在发展中国家。截至目前,由于种种原因,中国的银行还未发生过危机。

次贷危机：成也房子，败也房子

次贷危机，又称次级房贷危机，也就是人们通常所说的次债危机。我们常说的次贷危机，是指2006—2008年发生在美国，因次级抵押贷款机构破产、投资基金被迫关闭、股市剧烈震荡引起的金融风暴。

在讲述这次危机之前，我们先来了解一下什么叫次贷。通常，放款机构将客户分为两类：优质客户和非优质客户。所谓优质客户就是有能力偿还贷款的客户；相对应地，非优质客户就是还款能力有问题的客户，为没有还款能力客户发放的贷款就是次贷。

这次引起次级抵押贷款市场风暴的直接原因是，美国的利率上升和住房市场持续降温。这里的次级抵押贷款是指，一些贷款机构向信用程度较差和收入不高的借款人提供的贷款。美国次级抵押贷款市场通常采用固定利率和浮动利率相结合的还款方式，即：购房者在购房后前几年以固定利率偿还贷款，其后以浮动利率偿还贷款。在2006年之前的5年里，由于美国住房市场持续繁荣，并且利率水平较低，使得美国的次级抵押贷款市场迅速发展。

随着美国住房市场的降温，短期利率不断提高，次级抵押贷款的还款利率也大幅上升，购房者的还贷负担大为加重。同时，住房市场的持续降温也使购房者出售住房或者通过抵押住房再融资变得困难。这种局面直接导致大批次级抵押贷款的借款人不能按期偿还贷款，进而引发"次贷危机"。

次贷危机最早出现在2006年的美国，2007年8月，逐渐蔓延到欧洲，甚至日本。显然，这些地区和国家的金融市场都不同程度地出现了资金流动性的匮乏。

在美国，房产抵押贷款分为优级抵押贷款、次优级抵押贷款、次级抵押贷款3种。这是以贷款者的信用等级来界定的，优级贷款者一般有着固定的高收入，信用等级较高，一般能出具全面的贷款资料证明，虽然利率相对较低，但是这种贷款存在的风险较小；次优级贷款风险相对较高，但是收益也相对较高，比较适合机构投资者；次级贷款的贷款者一般没有固定的收入，信用等级较低，有的还有信用污点，他们一般不能出具全面的相关资料证明。这种次级贷款的还款利率很高，其风险性也相对较高，适合中低收入者。

由于2007年6月以前的美国房产市场受政策等原因的影响正处于持续升温阶段，所以人们的购房欲望十分强烈。那些贷款机构充分利用证券这一有效的金融工具，将住房贷款证券化，推出了次级抵押贷款这一新的贷款模式。因为对于那些低收入的家庭来说，次级抵押贷款不仅能够帮助他们拥有自己的房产，而且只要房产市场一直处于升温的趋势，他们完全可以用房产作抵押借新款偿还旧账，必要时还可以卖掉房产来避免将会出现的违约情况。同样，在这种情况下，那些房贷机构可以拿到高于优级贷款几倍的利润。在人们预期的房产不断升温的情况下，各种新的次级抵押贷款纷纷推出。而与此同时，隐藏在这种贷款商品背后的系统性风险却被忽视了。

可是，好景不长，随着美国房市的降温和银行短期利率的不断升高，次级抵押贷款人由于采取的是固定利率和浮动利率相结合的还款方式，还款利率也在不断增加，还款压力越来越重，再加上房产本身价值的缩小，大量的违约现象不断发生，违约率也随之不断提高。

大量的次级抵押贷款的借款人不能按时还款，导致金融市场上出现了严重的流动性不足，于是次贷危机就在美国次级抵押贷款的作用下发生了。

为了应对这场危机，美联储宣布量化宽松的货币政策，也就是想通过印钞票来稀释危机，但是大量的流动性没有留在美国，而是进入了一些新兴市场国家。结果，间接推升了新兴市场国家的资产泡沫。

一旦发生次贷危机，各国政府一般会通过降低基准利率来刺激国内经济的复苏，提振民众的生存信心，然后在经济复苏期再度通过逐渐提高基准利率来抑制经济的过热，防止通胀以及经济危机的发生。

繁荣昌盛是如此强大，也是如此脆弱。世界银行高级副行长、首席经济学家林毅夫说："美国金融危机给世界两大教训：第一个要吸取的教训就是，不能为了解决一个问题去创造一个更大的问题；第二个教训是要关注金融创新的隐患。美国的金融衍生品越搞越复杂，监管又没跟上，这就对房地产市场泡沫的形成起到了推波助澜的作用。"

货币战争：看不见的货币殖民

在这个星球上，几乎每天都在发生着冲突，有的甚至会演化为局部战争，生活在和平国度的人们会庆幸自己远离战争。其实，不管你生活在哪里，都有可能让自己置身于一场没有硝烟的战争中——货币战争。

货币从被发明那天起，就一直扮演着举足轻重的角色，起初，它被作为流通手段、贮藏手段等。后来，它开始慢慢影响世界的格局。或许你根本想象不到，牛顿的金本位制和张居正的白银本位制，导致了1840年的鸦片战争。也许你更想不到，最近几十年以来世界上发生的战争，很多都是为了使本国的货币能够流通于世界。

知名财经传媒人时寒冰曾写过一本书，名叫《欧债真相警示中国》。他在书中主要讲述了美元和欧元之间的战争，以及未来人民币对世界的影响。时寒冰认为，美国之所以发动科索沃战争、阿富汗战争、伊拉克战争以及影响叙利亚、埃及局势，都是因为"钱"——欧元的强势让美国很不爽，美国借用战争这种手段来打击欧元，当然也包括货币战争。

经济学者宋鸿兵在其作品《货币战争》中，用货币战争来描述了一场看不见的经济战争，并深入剖析了欧洲银行家如何一步步发展壮大到操控政治、经济的走向，从而为自身利益服务。

不可否认，货币战争的确存在。现在就让我们拨开货币与战争的迷雾。

1. 货币战争背后的发动者

很多人都会问，谁是货币战争的发动者，是罗斯柴尔德家族吗？当然不是。因为任何一家投资银行、一个家族都控制不了一国乃至世界的经济和货币，也就是说它们任何一方都无力发动世界性的货币战争。其实，当今世界最大的货币统治者，是美国联邦储备系统，它才是全球财富的掠夺者和经济灾难的制造者。

2. 货币战争从何时开始

这需要从世界进入全球化贸易时代说起。随着贸易的发展，商品与资金开始在全球流通，商品计价背后的货币就成了在贸易中提升竞争力的关键。如何让自己的货币被其他国家接受，如何让本国货币的流通范围、使用范围更广，成了各国政府和央行首先考虑的问题之一。换句话说，只要一个国家被纳入全球贸易和投资领域，那么这个国家的货币就要与其他国家的货币进行竞争，所以，每个国家都在想方设法提高本国货币的信用和竞争力，这就是货币战争的起源。

3. 货币战争的终极目标

货币战争的初级战略目标是提高本国货币的信用和竞争力，在全球范围内推广本国货币，以便于本国商品的出口，并占有市场，从而在全球贸易和投资领域获得更多的好处。终极战略目标则是，让本国的货币成为世界贸易结算货币和储备货币。这样就可以源源不断地收取铸币税，还可以通过印钞购买其他国家的商品，偿还本国所欠他国的债务，从而将其他国家纳入货币殖民的范畴。

4.货币战争的形式

早期,货币战争经常以贸易保护主义的形式出现,即国家提高贸易壁垒或者贸易制裁,以便限制别国的商品进入本国市场。而自从出现了货币互换后,人们发现汇率可以极大地促进和压制进出口,于是汇率战在长时间内表现非常活跃。比如,通过不断施压他国的汇率,强迫其升值,来降低他国的出口竞争力,极力压低本国货币的汇率从而促进出口。围绕着汇率展开的各种斗争是货币战争中的重要组成部分。

第二次世界大战之后,美国国力暴涨,黄金储备极其丰富,美元开始成为世界货币。为了加强美元的世界结算和储备货币地位,美国甚至出兵攻打伊拉克,控制中东石油,强力维护美元在石油贸易领域的结算货币地位。然后通过石油这一国际大宗商品向全世界输出美元,收取美元铸币税。当大多数国家将美元作为储备货币后,因为所欠的债务数额越来越大,美国便通过货币宽松的政策来扩大美元基础货币的投放以稀释债务,除此之外,还通过不断制造地区动荡,来迫使美元回流美国,促进美国经济的复苏。

随着世界贸易的发展,货币战争的表现形式也日益复杂,例如从汇率战、贸易战中,都可以看到货币战争的影子。

债务危机：赖掉的仅仅是账吗

为了更深入地了解债务危机，在谈债务之前，我们先来聊聊借钱这件事。

钱，就是主权国家发行的货币。当钱被源源不断地造出来后，它有两个去向：一是通过商业银行，把钱借给需要借钱的人；二是通过政府债券，把钱借给政府某个项目。所以说，钱是借出去的，一旦借贷关系形成，债务随之产生。

有借必有还，老话说得好"好借好还，再借不难"，这说的是信用问题。一个人、一家企业，信用好，自然就能调动成本更低、数量更大的金钱，这些钱通过开工厂、办企业、搞投资等让整个社会经济高速运转起来了，这便是债务的妙用。

当经济运转起来后，各行各业都开始扩大规模。此时，还需要引入两类人群：一是员工，他们把钱看作资产，通过出售时间赚钱；二是资本家，他们视金钱为负债，通过撒钱给其他人赚钱。

当资本家通过借贷尝到好处后，他便会做出一个选择：拼命借钱！拼命扩大规模！幸运的是，在债务周期刚开始时，各行各业都充满了机会，即使是向银行借钱，通常也能很快从市场中赚回来！

但是，在市场的长期博弈中，并不是每个资本家都会盈利，总有人赚钱，总有人赔钱。当有的借款人背负了一笔债务，且又赚不到足够的钱来偿还这部分债务，也就是说，债务超过了其自身的清偿能力，于是，他要么无力还债，要么延期还债。这就是我们常说的债务危机，对企业、国家而言，也是这个道理。

衡量一个国家的外债清偿能力有多个指标，其中最主要的是外债清偿率指标，即一个国家在一年中外债的还本付息额占当年或上一年出口收汇额的比率。一般情况下，这一指标应保持在20%以下，超过20%就说明外债负担过高。

2009年10月初，希腊政府突然宣布，2009年政府财政赤字和公共债务占国内生产总值的比例预计将分别达到12.7%和113%，远超欧盟《稳定与增长公约》规定的3%和60%的上限。由于希腊政府财政状况开始恶化，全球三大信用评级机构惠誉、标准普尔和穆迪相继调低希腊主权信用评级，希腊债务危机正式拉开序幕。

随着主权信用评级被降低，希腊政府的借贷成本大幅提高。希腊政府不得不采取紧缩措施，希腊国内举行了一轮又一轮的罢工活动，使经济发展雪上加霜。至2012年2月，希腊仍在依靠德法等国的救援贷款度日。除希腊外，葡萄牙、爱尔兰和西班牙等国的财政状况也引起投资者关注，欧洲多国的主权信用评级均遭下调。

与之前迪拜出事一样，这次希腊的债务危机让一些人惊呼：希腊可能成为"下一个雷曼"。虽然有些夸张，但在一点上人们是有共识的，即希腊等个案背后折射出的主权债务风险，特别是在这轮危机中大举借债的发达经济体。

2009年12月11日，欧元区成员国财长同意拿出300亿欧元用于必要时救助希腊，暂时解决了希腊眼前的困难。2012年2月21日，欧元区财长会议批准对希腊的第二轮救助计划，总额为1300亿欧元。因此，避免了希腊无序违约。

希腊主权债务危机发生后，考虑到迪拜债务危机的负面影响一直未从市场上消散，越来越多的投资者正将目光转向那些有可能爆发类似危机的经济体，以期做出提前动作以减轻投资损失。

通常，对一个国家来说，债务危机产生的原因主要有两个：

一是内部原因，即所借的外债没有得到高效利用。也就是没有把外债资金有效地用于生产性和创汇盈利性项目中，而是将其投向规模庞大，而不切实际的长期建设项目，所以不能保证外债资金投资项目的收益率高于偿债付息率。

二是外部原因。20世纪80年代初，以发达国家占据主导地位的世界经济逐渐衰退。20世纪90年代的石油价格大幅上涨，诱发了世界经济的衰退。以美国为首的发达国家为了转嫁自身危机，纷纷实行严厉的贸易保护主义，利用关税和非关税贸易壁垒减少进口，使其他国家出口的产品价格以及石油价格大幅下降。这样一来，一些国家的偿债能力便会下降，发生债务危机也就在所难免。

在全球经济一体化的今天，一个国家发生债务危机，并不仅是这个国家的问题，也是整个世界的问题！当然，不管是哪种经济危机，其本质都是债务危机，确切地说是"政府债务危机"，而金融危机只是政府债务危机的表现形式而已。

国家破产：举债度日，我太难了

破产，是指当债务人的全部资产不足以清偿到期债务时，债权人通过一定程序将债务人的全部资产供其平均受偿，从而使债务人免除不能清偿的其他债务，并由法院宣告破产解散。我们听说过个人破产，企业破产，但很少听到"国家破产"。

"国家破产"这一概念是2002年国际货币基金组织提出来的。它是指一个国家对外资产小于对外负债，即资不抵债的状况。国家如果破产，政府负债太多，无法偿还，所有的国民都会背上债务，直到有人接手，或者还清为止。最后全体国民都将活在对内和对外的债务中，本国的经济也将面临崩溃的危险。

在2008年全球金融危机中，冰岛濒临"国家破产"的边缘。冰岛人口只有32万，人均GDP却位列世界第四，这个北欧岛国，2007年被联合国评为"最适宜居住的国家"。然而一夜之间，这个天堂里的国家便坠入了地狱，现在的冰岛人民不得不面对9倍于GDP的银行负债重担。冰岛银行近些年吸纳了大量海内外资金，还购置了大量海外资产，这最终导致债务急速膨胀。冰岛国内生产总值2007年仅为193.7亿美元，但是外债却超过1383亿美元，以冰岛大约32万人口计算，这大致相当于每名冰岛公民身负37万美元（约合人民币253万元）债务。

由于货币实际价值无法计算，冰岛克朗基本无法在外汇市场交易。冰岛居民现在只能凭有效海外旅游机票才能兑换外币。公司则必须向央行提出申请，证明他们需要外汇用来购买粮食、燃料、药品等生活必需物资。

冰岛总统格里姆松因承受不了压力，心脏病复发住院。冰岛总理哈尔德向全体国民发出警报，"同胞们，这是一个真真切切的危险。在最糟的情况下，冰岛的国民经济将和银行一同卷进漩涡，结果会是国家的破产。"面对金融业传出的寒流，一些冰岛人把目光重新投向了这个国家的古老行业——捕鱼。20世纪30年代，冰岛全国四分之一的人口从事渔业，而现在渔民数量仅占冰岛人口的3%。与之相对应的是迅速繁荣的金融业。有冰岛的银行职员表示，不排除脱掉西服换上捕鱼服的可能性。咸鱼果然又要成为人生最重要的东西了。

一时间，冰岛债务成为人们热议的话题，一些金融学家也在思考：究竟是什么原因导致该国面对如此的窘境。归结起来有3点。

（1）在美国发端的"次贷危机"。现在很多人一提"次贷"便认为那是美国的问题，其实，冰岛的"次贷"危机更为严重。阿特拉松在雷克雅未克市郊贷款购买了一栋别墅，当时贷款额大约合500万元人民币，后来银行劝说他将贷款与外汇挂钩，结果现在导致阿特拉松的房贷已经高达合900多万元人民币，月供涨了将近2倍，以致他目前不得不考虑放弃还贷。而类似的问题还发生在众多冰岛人身上。有资料说，冰岛家庭平均承担的债务达到可支配收入的213%，比美国140%的比例高得多。

（2）过度扩张的银行业。冰岛以渔业起家，但是出海打鱼毕竟不如坐在家里赚钱舒服，因此冰岛提出了"快速发展金融业"的口号，金融产业在国民经济中的比重高居首位，包括冰岛股市的主力也是银行系统，此外，冰岛银行的投资几乎遍布全世界。虽然金融业曾在2005年给冰岛带来过7%的经济增长率，但也使冰岛深陷破产危机。银行破产，国家便面临一个两难选择：如果任凭破产的银行自生自灭，则国民财产将全部化为乌有；可若收归国有，资产巨大的冰岛银行负债总额已经是冰岛国内生产总值的12倍之多，这笔债转给国家，又让国家如何归还？

（3）不与往日盟友合作。冰岛发生金融危机后，曾经向友好伙伴英国、瑞典等国家寻求帮助，可得到的回复都是一句简单的"不"，不仅如此，英国还启动反恐法案冻结了一家冰岛银行的资产，导致两国发生外交纠纷。甚至还传出这样的消息：由于被高利率所吸引，英国100多个市政委员会在冰岛银行存有10亿英镑的税款。英国伦敦警察局的资金也暂时无法挪动，它在冰岛的银行存有2000万英镑，其中不少是反恐经费，所以英国首相布朗动用了很少使用的"反恐法"权力以冻结冰岛在英资产。

德国和英国政府2008年10月9日分别采取措施，暂时冻结冰岛陷入困境的主要银行在这两个国家分支机构的资产，以保护本国储户利益。

德国与英国的政府行为加剧了危机的程度。冰岛银行在英国、瑞典、荷兰和北欧国家都开设了储蓄业务，而且利息率比这些国家都要高。英国政府在恐慌中介入，还对冰岛实施"反恐怖主义法案"冻结资产，导致银行体系陷入瘫痪。

冰岛是北约组织成员，但并非欧盟成员国。此前，由于担心欧盟的共同渔业、农业政策将损害自身的利益，以及不认同欧盟的管理方式，冰岛一直未申请加入欧盟。既然不属于欧盟，加之美国金融危机出现后，欧盟国家也缺钱，才造成欧洲邻国对冰岛袖手旁观、不予援助。

虽然冰岛在这次危机中损失惨重，但理论上濒临"国家破产"的冰岛并没有真正破产。为什么呢？

这是因为，国家有别于企业的最显著特点是"国家主权神圣不可侵犯"。这一原则日益成为国际共识，成为大小贫富悬殊国家之间交往的原则。所以，对于这些贫困国家，尽管外债缠身，理论上足够"破产"数十次，但是并没有被拍卖掉，这些穷国家也没有随之在国际政治版图上消失，成为其他债券国家的"新殖民地"。

反之，如果国际间有"国家破产"的"市场空间"，那么，美国仅举华尔街上的一个个富可敌国的金融大佬之力，就可以用经济手段，兵不血刃地将一个个破产小国收入囊中，这样一来，世界依然是"强权政治"的天下。所以，如果让"国家破产"成为可能，那就意味着对弱肉强食的霸权政治放行，最终破坏基于历史、文化、民族、宗教等渊源而形成的民族国家之间的脆弱国际平衡。

因此，"国家破产"更像是一个形容词，以凸显一个国家危急的经济形势，而不是一个动词，预示着一个国家很快就改换门庭。比如冰岛，虽然外债远超过其国内生产总值，但是依然找到了克服时艰的途径——向俄罗斯借债，寻求国际货币基金组织（IMF）的援助。

其实，早在2002年，IMF就曾经编订过主权国家破产方案，但是其目的不是剥夺某个国家的主权，而是建立一种"破产保护"的国际金融机制，让那些负债累累的国家得以申请"破产保护"，并使债务国能够尽快走出危机。

第八章

金融调控——向左走，还是向右走

> 为了保证金融市场的平衡运行，政策既要伸出"看得见的手"，进行宏观调控，也要伸出"看不见的手"，对市场资源进行有效配置。也就是说，凡是市场能做好的，尽量由市场去做，凡是市场无法自行调节好的，政府就要出手帮助市场调节。

存款准备金：央行在"放水"

我们经常会听到这样一句话："中国人民银行决定下调金融机构存款准备金率×××个百分点……"这即是我们常说的"降准"，降准和每个人的生活息息相关。

例如一降准，股市就会被看多：指数会上涨多少，哪些行业会受益……与之相反，只要说到"提高存款准备金率"或者"加息"，市场就会出现悲观情绪。其实，只要了解其中的原理和逻辑这就不难理解了。

如果央行觉得市场上钱太多，或者太少，它就通过调节存款准备金率来控制货币乘数，比如说现在钱多了，就要收缩一下，央行把存款准备金率提高到20%，那么货币乘数变成了多少？0.2的倒数应该是5，同样100元的基础货币，市场上流通的钱变成了500元。

同样地，如果央行觉得经济有些冷，就放点水，然后把存款准备金率降低，降低到5%，那么货币乘数变成了多少？0.05的倒数应该是20，这时市场流通的100元就变成了2000元。

所以说降低存款准备金率，也就是央行给经济放水，央行一放水，市场上的钱就变多了，相应地，投资机会也多了。这就是存款准备金率的妙用。许多人或许对它的概念不甚了解，只知道大概。

我们先来了解一下存款准备金率的概念：存款准备金率，简称"RDR",是金融机构按规定向中央银行缴纳的存款准备金占其存款总额的比率。中央银行通过调整存款准备金率,可以影响金融机构的信贷扩张能力,从而间接调控货币供应量。所以说,存款准备金是金融机构为保证客户提取存款和资金清算需要而准备的在中央银行的存款。这一部分是一个风险准备金,是不能够用于发放贷款的。这个比例越高,执行的紧缩政策力度越大。

众所周知,商业银行的主要业务就是存款、贷款。只有吸收足够的存款,才能向外贷款。那么为什么每吸纳一笔存款,都必须将其中一部分上交给央行呢?不上交可不可以?

首先,我们假设一种极端的情况,如某商业银行现在有一亿元存款,但是贷款需求是两亿元,那么这家银行可以将一亿元资金全部贷出去吗?当然不能。如果全部贷出去的话,储户就无钱可取。所以,商业银行需要留下一定比例的存款,以供储户取走和资金清算。

如果银行将所有吸收的存款全部贷了出去,账上现金为零。此时如果有人要去取钱,哪怕只取一块钱,银行都无法进行即期兑付,那么银行的存款保障承诺就不能兑现。银行信用破产,顷刻间就会被百姓挤兑倒闭。

其次,商业银行作为自负盈亏的法人机构,出于对利润的追求,当然希望能尽可能多地放贷,这与实体企业总是希望尽可能多地造出产品一样。只要企业觉得产品不会滞销,它就会有动力进行生产、再生产。同样,只要银行觉得安全,不会被挤兑,那么它就有动力循环放贷。

但是,银行自己觉得安全并没有什么用,银行作为一个负外部性十分巨大的法人,管理者潜在具有巨大的道德风险,即赚了钱是自己的,亏了钱全社会埋单。银行一旦出现问题,很可能会引发金融危机。

所以,国家为了避免银行出现问题,就规定了一个法定的存款准备金率。存款准备金率最早起源于英国,随后美国以立法的形式把其作为一项政策固定下来。按照这个准备金率,强行把一部分钱冻结,国家替你们保管,以防发生挤兑。

货币政策：美联储动向引全球关注

货币政策，又叫金融政策，是指中央银行为实现其特定的经济目标而采用的各种控制和调节货币供应量和信用量的方针、政策和措施的总称。

货币政策的本质是国家对货币的供应根据不同时期的经济发展情况而采取"紧""松"或"适度"等不同的政策趋向。每个国家都会根据自己的需要制定货币政策，以便组织和调节货币流通的出发点和归宿，来适应社会经济对货币的客观要求。

当然，要了解货币政策，不得不先了解美联储，了解格林斯潘，可以说，在美元独霸天下的时代，它们就像神一样的存在。

格林斯潘是美联储的前任"掌门人"。1987年由美国前总统里根任命的艾伦·格林斯潘执掌美联储，一直到2005年本·伯南克接替格林斯潘，出任下任美联储主席。格林斯潘为白宫工作18年，历经里根、布什、克林顿、小布什4位总统任期，成为美国历史上任期时间最长的美联储主席。

对美国中央银行的掌门人，美国金融界评论："格林斯潘一开口，全球投资人都要竖起耳朵。""格林斯潘打个喷嚏，全球投资人都要伤风"。有人甚至称他为全球的"经济沙皇""美元总统"等。

美国的中央银行就是联邦储备委员会，简称"美联储"。从1913年起至今，美联储一直控制着美国的通货与信贷，起着"最后的借款人"的作用，并运用公开市场业务、银行借款贴现率和金融机构法定准备金比率三大杠杆调节经济，旨在为美国"提供一个更安全、更稳定、适应能力更强的货币金融体系"。格林斯潘之所以"打个喷嚏，全球投资人都要伤风"，在于他是美国中央银行的掌门人，手握重要法宝——货币政策。

1. 货币政策目标

货币政策的最终目标，一般有4个：稳定物价、促进充分就业、促进经济增长和平衡国际收支等。

（1）稳定物价。稳定物价目标是中央银行货币政策的首要目标，而物价稳定的实质是币值的稳定。在现代信用货币流通条件下，币值稳定与否，已经不再根据单位货币的含金量，而是根据单位货币的购买力来称量。物价指数上升，表示货币贬值。物价指数下降，则表示货币升值。衡量物价稳定与否，通常要看3个指标：

①国民生产总值平均指数。它以构成国民生产总值的最终产品和劳务为对象，反映最终产品和劳务的价格变化情况。

②消费物价指数。它以消费者日常生活支出为对象，能较准确地反映消费物价水平的变化情况。

③批发物价指数。它以批发交易为对象，能较准确地反映大宗批发交易的物价变动情况。

需要注意的是，除了通货膨胀以外，还有一些属于正常范围内的因素，如季节性因素、经济与工业结构的改变等，也会引起物价的变化。总之，在动态的经济社会里，要将物价冻结在一个绝对的水平上是不可能的，问题在于能否把物价控制在经济增长所允许的限度内。

（2）促进充分就业。在充分就业的情况下，凡是有能力并自愿参加工作者，都能在较合理的条件下随时找到适当的工作。充分就业是针对所有可利用资源的利用程度而言的。但要测定各种经济资源的利用程度是非常困难的，一般以劳动力的就业程度为基准，即以失业率指标来衡量劳动力的就业程度。造成失业的原因主要包括：

①总需求不足。由于社会总供给大于总需求，使经济社会的各种经济资源无法得到正常与充分的利用。主要表现为周期性失业和持续的普遍性失业。这是由一个长期的经济周期或一系列的周期所导致的劳动力需求长期不足的失业。

②总需求分布不平衡。由于总需求在整个经济中分布不均衡，造成某些行业职业或地区缺乏需求。它是劳动的不流动性造成的结果。另外，新技术的采用也会引起劳动力需求的改变。

③季节性失业。有些行业的工作季节性很强，而各种季节性工作所需要的技术工作又不能相互替代，季节性失业可以设法减少，但无法完全避免。

除此之外，还有过渡性的失业。

（3）促进经济增长。虽然目前世界上大多数国家的中央银行普遍将经济增长列为货币政策目标之一，但由于它在各国货币政策目标中所处的地位不同，其重要程度不尽相同，就一国而言，在各个历史时期也并不一样。

（4）平衡国际收支。根据国际货币基金组织的定义，国际收支是某一时期一国对外经济往来的统计表，它表明该经济体的货币性黄金、特别提款权以及对世界其他地方的债权、债务的所有权等的变化。

判断一国的国际收支平衡与否，就是看自主性交易平衡与否，是否需要调节性交易来弥补。如果不需要调节性交易来弥补，则称之为国际收支平衡;反之,如果需要调节性交易来弥补,则称之为国际收支失衡。

比如英国,因其国内资源比较缺乏,对外经济在整个国民经济中占有较大的比重,所以国际收支状况对国内经济发展影响很大,特别是国际收支失衡会使国内经济和货币流通产生较大的波动,因此第二次世界大战后,英国一直把国际收支平衡列为货币政策的重要目标。

2. 运用货币政策的措施

运用货币政策所采取的主要措施包括以下5个方面:

(1)控制货币发行。这项措施的作用是:钞票可以整齐划一,防止币制混乱;中央银行可以掌握资金来源,作为控制商业银行信贷活动的基础;中央银行可以利用货币发行权调节和控制货币供应量。

(2)控制和调节对政府的贷款。为了防止政府滥用贷款助长通货膨胀,资本主义国家一般都规定以短期贷款为限,当税款或债款收足时就要还清。

(3)改变存款准备金率。中央银行通过调整准备金率,以控制商业银行贷款、影响商业银行的信贷活动。

(4)调整再贴现率。再贴现率是商业银行和中央银行之间的贴现行为。调整再贴现率,可以控制和调节信贷规模,影响货币供应量。

(5)直接信用管制。它是中央银行采取对商业银行的信贷活动直接进行干预和控制的措施,以控制和引导商业银行的信贷活动。

货币政策从制定到获得主要的或全部的效果,必须经过一段时间，这段时间即称为时滞。时滞由两部分组成：内部时滞和外部时滞。

内部时滞指从政策制定到货币当局采取行动这一期间。外部时滞又称影响时滞，指从货币当局采取行动开始直到对政策目标产生影响为止的这段过程。

许多时候，货币政策会与利率、财税等政策一起使用，以增强政策实施的有效性。

利率政策：调控金融的常用手段

不管是从银行贷款买房，还是把钱存到银行，我们首先都会考虑：利率是多少？利率高，存钱合适，利率低，借钱似乎更划算。可以说，利率与我们的投资、理财活动息息相关。

利率比较容易理解，它是指借款、存入或借入金额（称为本金总额）中每个期间到期的利息金额与票面价值的比率。借出或借入金额的总利息取决于本金总额、利率、复利频率、借出、存入或借入的时间长度。利率是借款人需向其所借金钱所支付的代价，也是放款人延迟其消费，借给借款人所获得的回报。利率通常按一年期利息与本金的百分比计算。

平时，政府也会将利率作为调整经济或金融的一种手段，根据经济、金融运行情况，出台相应的利率政策。

利率政策，是一国在一定时期内依据客观经济条件和经济政策目标制定的关于利率方面的各种制度、法令和条例的总称。它主要包括两方面内容：一是实行高利率政策还是低利率政策；二是在利率的管理体制上实行利率管制还是自由利率政策。

利率政策是我国货币政策的重要组成部分，也是货币政策实施的主要手段之一。中国人民银行根据货币政策实施的需要，适时的运用利率工具，对利率水平和利率结构进行调整，进而影响社会资金供求状况，实现货币政策的既定目标。

中国人民银行采用的利率工具主要包括：

（1）调整中央银行基准利率。主要包括：①再贷款利率，指中国人民银行向金融机构发放再贷款所采用的利率；②再贴现利率，指金融机构将所持有的已贴现票据向中国人民银行办理再贴现所采用的利率；③存款准备金利率，指中国人民银行对金融机构交存的法定存款准备金支付的利率；④超额存款准备金利率，指中央银行对金融机构交存的准备金中超过法定存款准备金水平的部分支付的利率。

（2）制定金融机构存贷款利率的浮动范围。

（3）调整金融机构法定存贷款利率。

（4）制定相关政策对各类利率结构和档次进行调整等。

在我国经济发展过程中，既实行过高利率政策，也实行过低利率甚至无利率的政策。我国既要加强对利率管理，又要在实践中逐步放开利率。我国的利率政策可以概括为"双轨制"，既加强对利率的有计划管理，又逐步放开利率，发挥资金市场的调节作用。

利率作为资金的价格，不仅受到经济社会中许多因素的制约，而且，利率的变动会对整个经济产生重大的影响，所以，政府在出台利率政策时，应特别重视各种变量的关系以及整个经济的平衡问题。

凯恩斯认为储蓄和投资是两个相互依赖的变量，而不是两个独立的变量。在他的理论中，货币供应由中央银行控制，是没有利率弹性的外生变量。此时货币需求就取决于人们心理上的"流动性偏好"。

所有国家都将利率作为宏观经济调控的重要工具之一。利率通常由国家的中央银行控制，如，在美国由联邦储备委员会管理，中国则由中国人民银行管理。

通常，当经济过热、通货膨胀上升时，中央银行便会提高利率；

当过热的经济和通货膨胀得到控制时，便会把利率适当地调低。所以，利率是重要的基本经济因素之一。

著名的经济学家费雪第一个揭示了通货膨胀率预期与利率之间的关系，他指出当通货膨胀率预期上升时，利率也将上升。如果银行储蓄利率为5%，某人的存款在一年后就多了5%，这说明他变富了吗？其实这只是理想情况下的假设。如果当年通货膨胀率为3%，那么他只获得了2%的那部分钱；如果通货膨胀率为6%，那么一年前100元能买到的东西现在要106元了，而存了一年的钱现在只有105元，他反而买不起这个东西了！这便是费雪效应的通俗解释。

利率除了可以作为调控经济的手段，也可以用来调控货币供求，这也使得利率政策在中央银行货币政策中的地位越来越重要。合理的利率，对发挥社会信用和利率的经济杠杆作用有着重要的意义。特别是在经济萧条时期，降低利息率，扩大货币供应，可以有效刺激经济发展。在膨胀时期，提高利息率，减少货币供应，能够抑制经济的恶性发展。所以，利率对我们的生活有很大的影响。

除此之外，利率水平对外汇汇率也有着非常重要的影响。我们知道，汇率是两个国家的货币之间的相对价格。和其他商品的定价机制一样，它由外汇市场上的供求关系所决定。外汇是一种金融资产，人们持有它，是因为它能带来资本的收益。人们在选择是持有本国货币，还是持有某一种外国借币时，首先会考虑持有哪一种货币能够给他带来较大的收益，而各国货币的收益率首先是由其金融市场的利率来决定的。

某种货币的利率上升，则持有该种货币的利息收益增加，将吸引投资者买入该种货币，因此，对该货币有利好支持；如果利率下降，持有该种货币的收益便会减少，该种货币的吸引力也就随之减弱了。因此可以说"利率升，货币强；利率跌，货币弱"。

第八章 金融调控——向左走，还是向右走

财政政策：汉武帝为什么要造"皮币"

在《中央帝国的财政密码》一书中，讲述了这样一个故事：

公元前119年，大将军卫青与骠骑将军霍去病率领联军直捣漠北，完成了对匈奴的致命一击，斩杀匈奴达八九万人，虽然他们战功卓著，但也耗空了国库。为了迅速弥补空虚的国库，汉武帝采取酷吏张汤的意见，创造了一种新的货币——"皮币"，即一块白鹿皮装饰上紫色花纹，可充当40万钱。

由于市场拒绝接受皮币，汉武帝便强制推行。在汉代诸侯觐见、祭祀祖先时，需要使用玉璧。汉武帝规定，所有贡献的玉璧必须使用皮币做垫子，一个玉璧只有几千钱，而它的垫子却需要40万钱（相当于20千克黄金）。

汉武帝为什么要创造"皮币"，并且强行让市场接受？他主要是为了充实国库。用今天的话说，就是政府财政出现了赤字，要弥补亏空。可见，从古至今，财政都与国家的产生和存在密切相关。

一提起"财政"，很多人首先想到的是钱。那么什么是财政？简单地说，国家的收入和支出就是财政，是国家凭借政治权力而进行的社会产品的分配。即，财政的本质是一种分配关系，是一种以国家为主体，在社会范围内集中配置资源的分配关系。财政收入是指国家财政参与社会产品分配所取得的收入，它是实现国家职能的财力保证。

一个国家财政收入的高低代表着其繁荣的程度。据《大英百科全书》记载:"中国封建王朝的顶峰是宋朝,而非唐朝。宋朝是中国历史上经济最繁荣、科技最发达、文化最昌盛、艺术最高深、人民生活最富裕的朝代。"为什么这么说呢?有资料显示:宋朝时期的财政收入最高曾达到16000万贯文,北宋中后期的财政收入也可达8000万~9000万贯文,即使在已经失去了半个河山的南宋时期,财政收入仍高达10000万贯文。

为了更好地理解这些数字的意义,我们可以将它与明朝做一些比较。

明隆庆五年,也就是公元1571年,国家财政收入是250万两白银;万历二十八年,也就是公元1600年,国家财政收入是400万两白银;明末时期,国家财政收入是1000万两白银左右。

按一两白银兑一贯铜钱来计算,明朝一年的财政收入1500万两白银,只相当于北宋一年财政收入的1/10,不到南宋的1/6。

一个国家的财政收入是由其经济发展水平和发展阶段决定的,经济发展是财政收入增长的基础。在税收制度与管理力度不变的情况下,经济发展水平越高,财政收入增加越多,财政收入占GDP的比重也越大,即经济发展与财政收入成正比。

相反,如果经济发展水平下降,财政收入也会减少,财政收入占GDP的比重也会降低。例如,美国在长达40年的时间里,其财政收入占GDP的比重基本保持在30%左右。我国财政收入占GDP的比重在1978—1996年下降了20.65%,1997—2007年上升了9.85%。这种先降后升的趋势是与我国经济发展阶段相适应的,是我国由计划经济向市场经济转型的必然结果。

1994年,我国实行分税制改革,分别设立国税和地税部门,财政收入包括中央财政收入和地方财政收入两部分。之所以要让国地税分开,是因为在实行分税制之前,中央到地方只有一个税收征管系统,中央税收主要靠地方税务局征收。而当时中国采用分灶吃饭、财政包干的体制。

这种体制从改革开放到1994年,有过一些历史的作用和功绩,但改革开放以后,地方经济状况越来越好,财政收入越来越多,而按照分灶吃饭原则,地方征税后按比例上交中央,很容易发生地方政府多分中央收入的问题。这样一来,地方的钱越来越多,而中央的钱越来越少。而中国是个大国,经济情况错综复杂,地区间经济发展不平衡,必须集中财力办大事。

近年来,随着信息化手段的飞速发展,电子政务的服务水平不断提高,中央和地方已没有必要分开收税,完全可以借助电子信息化系统完成这一工作。2018年,国地税合并后,征税系统可以对人员进行更好的配置,强化最需要加强的部门,提高税收征收的整体效率。

税收政策：取之于民，用之于民

在国家进行宏观经济调控时，经常会使用税收杠杆。税收杠杆是指国家依据税法，通过调整征纳关系及纳税人之间利益分配关系，来调节社会经济生活的功能。国家可以通过税种的设置、税率的设计，实行减税、免税、退税，以及规定起征点和免征额等鼓励或限制性措施，诱导纳税人的生产经营决策和消费选择与国家经济发展规划相一致。

也就是说，国家通过税收给予纳税人以有利或不利条件，引导其经济行为服从于宏观经济计划的要求。运用税收杠杆可以弥补和纠正市场机制的缺陷。即使在古代，税收杠杆也是一种重要的调控经济的手段。

赵奢是春秋战国时期赵国的一名大将，最初，他只是赵国一名小小的收税官员。当时的平原君赵胜，依仗自己是赵王的弟弟，又是当朝丞相，一直不肯交税。税官们都怕得罪这位位高权重的人物，没有人敢去他的封地收税。而赵奢胆识过人，执法无私，毅然前往平原君府上收税，结果受到平原君府上的人百般阻挠，赵奢刚直不阿，依法斩了上前阻挠的赵府家丁。

平原君发怒，要杀掉赵奢，赵奢说："税收是国家的一项法律，每个人都应尽交税义务，您是赵国的重臣，理应带头交税，如果百姓都效仿您逃税，国库早晚会吃空，别国就会趁机攻打我们，到时您还能安享富贵吗？"

第八章 金融调控——向左走，还是向右走

平原君听了这番话，觉得赵奢说得很有道理，并认为他是个贤能之人，于是向赵王举荐了他。因为得到了平原君的举荐，不久赵奢就被任命为治理全国赋税的总管，在他的治理下，赵国税收平稳、百姓富裕、国库充实。

可见，合理运用税收和税率的经济杠杆，才会促进经济的发展，才会提升人民生活水平，才能使国家富裕。

从古至今，税收都是国家财政收入的主要来源。税收关系到社会的稳定、发展与和谐，是一个国家的立国之本。正所谓"国之税收，民邦之本"。

税收是历史发展的必然结果，由于国家的产生，必须拥有一定的财政基础才能保证实现国家职能，因此就出现了税收。税收是国家为实现其职能，凭借政治权力，依靠法律取得的收入。

总体来说，税收主要有以下3种：

（1）关税。关税是一种类似于保险性质的税收，是在国家之间进行的税收。这种产生于经济流通利润的税收，其实是对商人的保护，也是各国对本国经济的保护，所以关税的税率不应该过高，而且必须建立一个严密的网络来征税。

（2）生存税。这是最古老的一种人头税，即政府可以按照人头来征税，也可以根据一个人的身份地位来征税。比如，一个人有许多财富，因此要交不少税，理由是，他的生存需要占用更多的资源。而一个穷人，他的生存对资源的消耗较少，所以交的税也就少些。一个富翁可能每天要消费三瓶红酒，十块面包，等等，而一个乞丐只需要两块黑面包加上三平方米睡觉的地方就可以了。所以，对他们征收一样的人头税显然是不合理的。那么这种税该如何变通呢？这即是我们现在所说的所得税。所得其实意味着所消耗的，也就是说，它的生存占据了更多的资源，需要为此付出

更多的代价。

（3）经济税。也就是各种具体税种了，比如农业税、车船税、消费税、资源税、城市维护建设税、房产税、城镇土地使用税、土地增值税，等等。

对于国家来说，税收具有重要的职能和作用，主要包括以下几点：

首先，确保财政收入。税收是政府凭借国家强制力参与社会分配、集中一部分剩余产品的一种分配形式，是国家财政收入的主要来源之一。

最后，调节社会经济。国家凭借税收强制参与社会分配必然会造成社会集团和成员的可支配收入减少，收入不同的人群其收入减少程度也是不同的，这将直接影响纳税人的经济活动，对社会经济结构产生影响。通过这种影响，可以有效地引导社会经济活动，合理调整经济结构。

再次，监督、管理社会经济活动。国家征税必须建立在日常深入细致的税务管理基础上，掌握具体税源情况，监督纳税人依法纳税，从而监管社会经济活动方向，维护社会生活秩序。

我国税收的本质是"取之于民，用之于民"。国家运用税收筹集财政收入，按照国家预算的安排，有计划地用于国家的财政支出，为社会提供公共产品和公共服务，及发展科学、技术、教育、文化、卫生、环境保护和社会保障等事业，从而改善人民生活。

第九章

金融学原理——决定财富走向的定律

金融学的知识有很多，我们拥有的碎片化的时间也很多，想要低成本、快速地掌握一些金融学重要知识，可从一些金融学原理入手。许多时候，看似浅显的原理，却是我们实现财富自由要遵循的不二法则，对我们的创富人生有着很重要的影响。

时间价值原理：金融学第一定律

古语说："一寸光阴一寸金。"说明古人已经意识到时间是有价值的。在近代金融学中，人们又进一步拓展了这种思想——如果将"时间"看作一种原料，那么金融工具只做一件事，就是把时间维度中的风险全部展示出来，然后再对这些原料进行加工，做成各种产品。用金融术语说，即金融为时间定价，而我们购买各种金融产品，做各种金融决策，就是在买未来的价值。

在金融学中，时间价值原理可以理解为货币时间价值，或是资金时间价值，如果给它一个定义，可以描述为：货币随着时间的推移而发生的增值，是资金周转使用后的增值额，即资金时间价值。

从经济学的角度看，当下的一单位货币与未来的一单位货币的购买力之所以不同，是因为要节省现在的一单位货币不消费而改在未来消费，则在未来消费时必须有大于一单位的货币可供消费，作为弥补延迟消费的贴水。所以说，同样数额的资金在不同的时间点上具有不同的价值。

如果时间能够倒流回到30年前，你是否会选择买房？相信，所有人会做出一样的决定，那就是买。以上海为例，30年前上海市区房价一平方米2000元左右，而现在达到一平方米6万左右，这中间的差价就是时间的价值。

再比如，30年前的一块钱也能买一些生活用品，而现在呢？

第九章　金融学原理——决定财富走向的定律

你带10块钱去一趟超市试试。你会发现这30年来，钱越来越不禁花，这就是贬值，它也是由时间造成的。所以，时间是有价值的。

货币时间价值是信用货币制度下，流通中货币的固有特征。在当前的信用货币制度下，流通中的货币是由中央银行基础货币和商业银行体系派生存款共同构成，由于信用货币有增加的趋势，所以货币贬值、通货膨胀成为一种普遍现象，现有货币也总是在价值上高于未来货币。市场利息率是可贷资金状况和通货膨胀水平的反映，反映了货币价值随时间的推移而不断降低的程度。

过去，人们习惯说一句话："你不理财，财不理你。"但也只是说说而已，没有太当回事儿，所以银行卡里的钱，永远存的是活期，现在，这样做的人就很少了，至少也要买一点货币基金。以10年为期，同样的钱，两种理财方式会产生不同的收益——不会理财的人，损失的远不止利息。

2000年，A君考上了一所大学，学的是金融。当时，家里每月给他300元生活费，大学毕业前，生活费提高到一个月800元。在他读研究生时，做了不少兼职，一个月大概有3000元的收入。2007年，他毕业后去了一家当时还不错的企业，年收入10万元左右。当时，他的收入算是中等偏上。2017年，他的基本年收入为30万元左右。而这时的他，资产总额超过400万元，很多人不清楚他是怎么做到的。原来，他比较善于理财，将平时的闲钱按一定比例分别投资到基金、债市中，每年他都能从中获得较高的收益。

试想一下，如果回到10年前，给你100万元，你会怎么做？存在银行里，100万元的定期存款，如果按照1年期活期利息1.5%，10年后是116万元。如果你购买了年化收益率为5%左右的理财产品,那么10年后,你能拿到的钱将近170万元。如果你有相当的眼光,100万买了腾讯的股票,那么它将变成现在的3600万元。

10年前,10年后,因为我们运用了不同的金融工具,一笔数额不大的金钱,10万元产生了完完全全不一样的时间价值。金钱的时间价值不仅体现在数字上,还体现在你对金融学的理解上。

分散投资原理：把鸡蛋放到多个篮子里

几乎所有人都听过"不要把鸡蛋放在一个篮子中"这句话，也知道它要表达什么，但是想要真正理解它的内涵，并不是那么简单。

过去，有些人看到投资房地产有利可图，于是抢着买入各种物业，以为将资金分别投入到公寓、别墅、老式洋房、酒店式公寓、商铺和土地中，就叫作分散投资。其实，这样的投资观念是错误的，真正的分散投资一定要遵守一些原则。

1.投资不同的市场

没有一种市场是没有波动的，每一种市场都会经历大起大落，全部资金投入单一市场会产生很大的风险。例如，前期有人认为股市不好，房产在高位不敢买。于是他们受到某些人蛊惑，把自己一辈子积蓄统统买入所谓的"理财产品"，而一旦这些所谓的"理财产品"成为"庞氏骗局"，那么就会造成不可挽回的损失。

分散于不同市场，最理想的做法就是投资的项目绝对不相关。如果你将资金分成物业或股票两项，地产崩盘，股市一定会跌，两者密切相关，算不上是好的分散投资。最好做到投资之间，这些项目都是独立的。例如，同时投资股票和商品期货市场，当"热带风暴"对某些上市公司产生破坏性影响，招致该上市公司股价大跌时，则有关热带风暴引起某些商品紧缺从而造成相关商品期货价格暴涨，两个不相干市场行情价格因同一消息而形成逆反，如果投资者正好既持有股票，又在该商品期货上做多，那么热带风暴消息出现，分散在不同市场的投资，盈利和亏损对冲，损失就不会很大，甚至可能还会盈利。

2.在一项投资中选择不同项目

比如，你想做外汇投资，现在手里有100万元，那么可以买60万元的美元，30万元的欧元，10万元的日元，避免只投资一种货币。同样的道理，投资有色金属，可以买铜、铝，也可以买锌和铅等。

投资股票，更要分散于各行业，例如金融股、地产股、公用事业股、商业股、题材概念股等。

如果投资债券，可以混合购买政府债券、国债、国债回购和长期及短期企业债券等。若投资期货，可以买金融期货、粮油期货、有色金属期货、热带商品期货等。

3.运用不同投资买卖系统

在不同市场，或者在相同市场的不同项目中，要尝试运用不同的买卖系统。例如在股市，可以运用基本分析作为长期投资工具；在期市则运用趋势法测市或可以用跨期套利方法；在楼市可以运用相反理论；在债券市场则可用移动平均线、均价买入等不同方法。投资时避免采用单一方法，否则，这种方法一旦失灵，会带来损失。

在投资过程中，只要把握好以上3点，便把握住了分散投资原理的关键。如此，即使市场有波动，也可以安枕无忧，毕竟分散投资的同时，也将风险分散。

格雷欣法则：先花新钞，还是旧钞

如果你的钱包中有两张100元人民币，一张非常新，另一张皱巴巴的。那你在支付100元费用时，你会选择先花掉哪一张呢？相信，大多数人会选择花掉旧的，留下新的。劣币驱逐良币说的就是这个道理。

早在400多年前，英国经济学家格雷欣发现了一个非常有趣的现象：假如市场上有两种实际价值不同，而名义价值相同的货币（实际价值较高的货币是良币，实际价值较低的货币是劣币），而且它们同时流通时，人们往往会选择使用劣币而将良币储存起来，时间久了，良币就会处于被收藏、融化，或者被输出国外的状态，劣币流于市场，良币退出市场，这就是劣币驱良币的原理，后来这个原理被人们称为"格雷欣法则"。

其实在这之前，这种现象就已经存在相当长一段时间了。例如，在以金银作为交换媒介的古罗马，有些聪明人就常常从钱币上切下一小圈，然后用重量不足的钱来购买物品。但古罗马人都非常聪明，于是大家都抢着储存足值的货币，使用较轻的货币流通，结果流通的货币越来越小、越来越轻，最终将足值的钱币都驱逐出了市场。

在中国历史上，也出现过类似的事情。公元前2世纪，西汉的贾谊就曾指出"奸钱日繁，正钱日亡"，这里的"奸钱"指的就是劣币，"正钱"指的就是良币。当时的朝廷将重五铢的"货泉"与重十二铢的"大泉"按1:1的比值流通,让"货泉"的名义价值升高。结果,"大泉"迅速地在流通中消失了。虽然中国与古罗马不尽相同,但表现出的"劣币驱逐良币"的规律是一样的,那就是:劣质货币与优质货币的名义价值相同,结果实际价值高的优质货币被劣质货币驱逐出了市场。

纸币取代金银等金属货币后,货币的不足值性更为明显。因为相较于贵金属,纸币明显不足值,也就是它本身就"不值钱",于是,有人开始质疑格雷欣法则。其实,劣币驱逐良币在纸币时代同样会发生。比如,在香港的货币流通中就曾出现过这样一种现象:香港10元面值的货币有两种:纸币和硬币。因为10元硬币比10元纸币容易伪造,而且硬币不方便携带,很容易丢失,所以被视为"劣币"。当一个人口袋里同时有一张10元纸币和一枚10元硬币时,他会优先使用硬币,从而导致香港货币市场上硬币的流通量较纸币高出不少。

更为严重的劣币驱逐良币现象是国家滥用发行权,致使纸币失去其良币价值,成为真正的劣币,最终导致物价飞涨,通货膨胀压垮国家经济,政府失去信用。而且,政府若无法保证纸币的"良币"性质,它也不能被一直使用下去。

有一个非常典型的例子。在民国末期,政府大量发行法币,致使货币飞速贬值,物价猛涨,于是民间又开始流通银圆,商家也拒收法币。为了保证法币的流通,民国政府禁止人民使用银圆,并通过银圆券兑换银圆的方式"没收"银圆。但百姓仍不接受银圆券,许多私人机构开始以大米为薪金,社会退回到了物物交换时代。

即使在当今社会,有些国家也经常会出现一些类似的情况。比如津巴布韦,这个国家一直陷于通货膨胀的痛苦之中。大幅度的通货膨胀使其币值急剧下降，很多人都是"千万富翁""亿万富翁"，却穷得吃不起饭，几千克的钞票甚至都买不到一件衣服。尽管津巴布韦政府不断宣布抹掉纸币上的"零"，但是，如果政府没有足够的财力，即使随意宣布货币增值，也起不到任何作用。2009年，津巴布韦政府不得不宣布津巴布韦币暂时退出市场。

"中华民国"末期的法币，以及2009年宣布退出流通的津巴布韦币这两个典型的例子说明，每一套货币的发行，都是由国家强制人民接受的，虽然付款的一方很乐意使用劣币，但收款的一方却不情愿接受。只有在政府保证收款方接受的劣币能够继续流通的时候，劣币才能得以继续存在。

所以，国家必须以强制力保证货币的价值，保持其良好性，才能保证其有效流通。如果国家随意发行货币，人民就有可能拒绝所谓的法定货币，通过自由选择让货币自发地建立起新规律。

郁金香效应：贪婪、恐惧是魔鬼

郁金香效应，又称郁金香泡沫。它是人类历史上有记载的最早的投机活动。300多年前，郁金香球茎的价格堪比黄金，这股热潮几乎席卷了荷兰各个阶层，无论富人还是穷人，整个荷兰都为之疯狂。

人们做梦也想不到，世界经济发展史上第一起重大投机狂潮是由一种小小的植物引发的。每个人都想从中分一杯羹，但结果却是成千上万的家庭倾家荡产，这就是人类历史第一次有记载的金融泡沫。它给整个欧洲经济带来了一场规模空前的灾难。

郁金香原产于小亚细亚，1593年，传入荷兰。17世纪前半期，由于郁金香被引种到欧洲的时间很短，数量非常有限，因此价格极其昂贵。在崇尚浮华和奢侈的法国，很多达官显贵家里都摆有郁金香，将其作为观赏品和奢侈品向外人炫耀。1608年，就有法国人用价值3万法郎的珠宝去换取一株郁金香球茎。但是和荷兰相比，这一切都显得微不足道。

从1634年开始，郁金香狂潮初现端倪，此后其价格一路上涨，炒买郁金香的热潮蔓延为荷兰的全民运动。当时1000元一株的郁金香花根，不到一个月后就升值为2万元了。

1636年，一株稀有品种的郁金香的价值竟然与一辆马车、几匹马相当。面对如此暴利，所有人都冲昏了头脑，他们变卖家产，只是为了购买一株郁金香。就在这一年，为了方便郁金香交易，

第九章　金融学原理——决定财富走向的定律

人们干脆在阿姆斯特丹的证券交易所内开设了固定的交易市场。无论是贵族、市民、农民，还是工匠、船夫、随从、伙计，甚至是扫烟囱的工人和旧衣服店里的老妇，都加入了郁金香的投机。无论处在哪个阶层，人们都将财产变换成现金，投资于这种花卉。

在1634年底，荷兰的郁金香商人们组成了一种类似产业行会的组织，完全控制了郁金香的交易市场。这个行会强行规定：任何郁金香买卖都必须要向行会缴纳费用。每达成一个荷兰盾的合同要交给行会 1/40荷兰盾。对每一个合同来说，其费用最多不超过3盾。通常，这些行会会在小酒馆中做交易，他们所收取的费用也就常常被称为"酒钱"。由于郁金香的需求上升，推动其价格上升，人们普遍看好郁金香的交易前景，纷纷投资购入郁金香合同。这就是今天期货交易的雏形。

1637年初，一株名为"永远的奥古斯都"的郁金香的球茎居然被炒到了6700荷兰盾。那时荷兰人的平均年收入只有150荷兰盾。此时，有的球茎一天之内在同一家酒馆转手十多次。很显然，人们争先恐后地把债务转给别人。

1637年2月，卖方开始大量抛售，公众陷入恐慌，2月4日市场突然崩溃。仅仅7天后，郁金香的平均价格下跌了90%，一夜之间几乎所有参与投机的人血本无归，甚至还背上了还不清的巨债。为了避免导致更严重的社会动荡，荷兰政府于1637年4月27日宣布强行终止所有合同，禁止投机式的郁金香交易。第一个历史上有记载的空前的经济泡沫破裂。

对此，美国经济学家彼得·加伯评论说：这完全是一场投机泡沫。人人都想靠这种价格的疯涨发一笔横财。郁金香热和如今的金融市场发展情况很类似。为什么几百年来，人们总是在犯同样的错误呢？

因为人们的头脑和意识中有一种东西，让人们不愿意去相信泡沫的真相。大多数人在参与投资热潮之前，都缺乏对相关投资商品的了解。买卖双方都很清楚，他们在用不切实际的价格赌博，但又难以抗拒大赚一笔的诱惑。这就是跟风现象，也就是常说的盲目地随大溜，实际上什么都没有，就是一阵风。

像这样的情况，在今天的市场也是存在的：一旦价格开始上涨，人们就开始疯狂购买，尤其是与实际商品关联不大，人们不清楚其关系时，最容易出现疯狂购买现象。当没有买家愿意出更高的价格时，就会出现恐慌性抛售。价格也会跟着暴跌。

可以说，资本市场就是个照妖镜，把人性的贪婪、私欲、妄念的丑恶本质展露无遗，在市场陷入疯狂的时候，投资者的行为是盲目的，毫无理智可言。过分贪婪的病态投资行为带来的后果将是毁灭性的。

羊群效应：避免步入从众的误区

羊群效应，是人们耳熟能详的一个词，它经常被用在心理学、经济学当中，为了更好地理解它，先看一下它是怎么来的。

在一群羊前面横放一根木棍，第一只羊跳了过去，第二只、第三只也会跟着跳过去；这时，把那根棍子撤走，后面的羊，走到这里，仍然像前面的羊一样，向上跳一下，尽管拦路的棍子已经不在了，这就是所谓的"羊群效应"。

"羊群效应"最早是股票投资中的一个术语，主要是指投资者在交易过程中存在学习与模仿现象，如盲目效仿别人，从而导致他们在某段时期内买卖相同的股票。

一个石油商死后上了天堂，结果圣彼得说："实在抱歉，我知道您在世时行为正派，做了很多善事，但是天堂里已经饱和，实在住不下人啦。"这个石油商说："不要紧，我有办法。"他对天堂的大门大喊一声："地狱里发现石油啦！"马上从大门里跑出一大堆人，要赶到地狱去。圣彼得吃惊地看着这一切，说："现在你可以进天堂了。"不料石油商说："我决定去地狱，这么多人都去了地狱，说不定这个消息是真的呢。"

从众是人们自觉或不自觉地以某种集团规范或多数人的意见为准则，做出社会判断、改变态度的现象，换句话说，就是大多数人怎么看、怎么说，自己就怎么看、怎么说。这种现象在生活、商场中很常见，如做IT赚钱，大家都想去做IT；做管理咨询赚钱，大家都蜂拥而去……要知道，我们不是羊，我们需要用自己的脑子去思考，去衡量自己。

"羊群效应"是行为金融学领域中比较典型的一种现象，而且在投资过程中体现得尤为明显。对于投资经验相对欠缺的个人而言，在自己举棋不定时，总是会去看看其他同类投资者是怎么买的，什么时候买的，又是什么时候卖的。他们总认为在同一群体中的其他人更具有信息优势。而这样一来，个人投资者的投资资金将迅速汇聚，很容易形成趋同性的"羊群效应"，上涨时蜂拥而至，下跌时恐慌逃散，也就是我们常说的"追涨杀跌"现象。

理性思考后，你会发现，很多东西没必要买，很多钱没必要花。只是觉得大家都在抢，不买"亏得慌"。所以，这种跟风从众的心理才是最大的风险。

尤其在股市，投资上这种跟风随大溜情况的发生，通常会造成股票价格与其真实的价值明显不符，低估或高估的情况时有发生。所以，我们在选择股票或基金时，不要只看到它们"表面的光鲜"，多看看那些被"低估"的指数才是正解。在这方面，基金投资与短线进出的股票不同。所以对投资者来说，适当地调整投资组合是十分必要的，可以有效避免如市场周期性风险等不可控的投资风险。

综上所述，"羊群效应"反映了人的趋同心理，也是一种人之本性。我们可能无法将其完全消除。如果你是个人投资者，可以通过提高自身的专业知识，学习更多的投资技巧，调整投资策略，研究并掌握更多的市场信息，来避免陷入"羊群效应"的投资误区。

有效市场假说：为何股价不可预测

有效市场假说，又称"有效市场理论"，是由尤金·法玛于1970年提出来的。其实，最早研究这种假说的是法国数学家路易斯·巴舍利耶，他认为股票价格的变化就像化学中的分子做的"布朗运动"——悬浮在液体或气体中的微粒所做的永不休止的、无秩序的运动，具有"随机漫步"的特点，也就是说，它变动的路径是不可测的。

美国芝加哥大学金融学教授尤金·法玛也认为，股票价格收益率序列在统计上不具有"记忆性"，因此投资者没有办法根据过去的价格来预测其未来的走势。之后，他对该理论进行深化，并提出有效市场假说，简称"EMH"。

这种假说有一个备受争议的前提假设，也就是参与市场的投资者具有相当的理性，并且能第一时间对一切市场信息做出合理反应。该理论认为，在法律健全、功能良好、透明度高、竞争充分的股票市场，所有有价值的信息都已经及时、准确、充分地反映在股价的走势中，当然也包括企业当下与未来的价值，除非存在人为操纵，否则，投资者不会通过分析过去的价格来获得高于市场平均水平的超额利润。

在有效市场假说提出之后，它一时间成为证券市场的一个热门话题，支持与反对的人都很多，而且双方都列举了不少证据。直到现在，这种争议依然存在。即便如此，在现代金融市场主流理论的基本框架中,有效市场假说依然占有相当重要的地位。

那么如何来理解有效市场假说呢?可以通过以下两个方面理解其内涵。

1. 有效市场假说包含的三个要点

(1)市场中的每个人都是理性的经济人。在金融市场中,每只股票所代表的各家公司都处于这些理性人的严格监视之下,他们一直在做基本分析,通过判断公司未来的获利性,来评价公司的股票价格,也就是将未来的价值折算成当下的现值,并谨慎地在风险与收益之间进行权衡取舍。

(2)股票的价格反映了某种供求的平衡。想买的人正好等于想卖的人,即认为股价被高估的人与认为股价被低估的人正好相等,假如有人觉得这两者不等,即存在套利的空间,他们马上会用买进或卖出股票的办法使股价迅速变动到能够使二者相等为止。

(3)股票价格能充分反映该资产的所有可获得的信息。当信息变动时,股票的价格便会跟着波动。一则利好消息或利空消息刚刚传出时,股价便开始异动,当所有人都知道后,股票的价格也已经涨或跌到适当的价位了。

2. 有效市场假说的3种形式

(1)弱式有效市场假说。该假说认为,在弱式有效的情况下,市场价格已充分反映出所有过去历史的证券价格信息,包括股票的成交价、成交量、卖空金额、融资金融等。

推论:假如弱式有效市场假说成立,则股票价格的技术分析将毫无作用,但基本分析或许能帮助投资者获得巨大的利润。

(2)半强式有效市场假说。该假说认为,价格已充分反映出所有已公开的有关公司营运前景的信息，这些信息包括成交价、成交量、盈利情况、盈利预测值，以及公司管理状况与其他公开披露的财务信息。如果投资者能迅速获得这些信息，股价应迅速做出反应。

推论：假如半强式有效假说成立，则在市场中利用技术分析和基本分析都失去作用，内幕消息可能会帮助投资者获得巨额利润。

（3）强式有效市场假说。该假说认为，价格已充分地反映了所有关于公司营运的信息，这些信息包括已公开的或内部未公开的信息。

推论：在强式有效市场中，投资者将无法获得巨额利润，即使掌握了内幕消息也一样。

3种有效假说的检验正是建立在3个推论之上。它的理论意义在于：提高证券市场的有效性，根本问题就是要解决证券价格形成过程中在信息披露、信息传输、信息解读以及信息反馈各个环节所出现的问题，其中最关键的一个问题是，建立上市公司强制性信息披露制度。公开信息披露制度是建立有效资本市场的基础，也是资本市场有效性得以不断提高的起点。

有效市场假说只是一种理论假说，其实，并非每个人总是理性的，也并非在每一时间点上都是信息有效的。

到目前为止，还没有任何一种理论和方法能够令人信服并且经得起时间检验，当然也包括有效市场假说——2000年，著名经济学家罗伯特·席勒在《非理性繁荣》一书中指出："我们应当牢记，股市定价并未形成一门完美的科学。"